국가공인 한자자격시험관리기관시행

교양한자급수시험 대비 수험서

최고의 적중률을 자신합니다!!

한자 자격시험

교과서 한자어와
연습문제 및 기출문제 수록

8급

www.hanja114.org

초판 26쇄 | 2024. 09. 15
펴 낸 곳 | 주식회사 형민사
지 은 이 | 국제어문능력개발원
인터넷구매 | www.hanja114.com
구 입 문 의 | TEL.02-736-7693~4, FAX.02-736-7692
주   소 | ㉾100-032 서울시 중구 수표로 45, B1 101호(저동2가, 비즈센터)
등 록 번 호 | 제2016-000003호
정   가 | 12,000
I S B N | 978-89-91325-36-4 13710

한자자격시험 안내

● 실시 개요

- · 주관: 사단법인 한자교육진흥회
- · 시행: 한국한자실력평가원
- · 연 4회 실시(자세한 사항은 홈페이지 www.hanja114.org 참조)
- · 응시 자격: 제한없음

● 국가공인 한자자격 취득자 우대

- · 자격기본법 제23조 3항에 의거 국가자격 취득자와 동등한 대우 및 혜택
- · 정부기관에서 공무원 직무능력 향상의 수단으로 권장
- · 육군 간부, 군무원의 인사고과 반영
- · 공공기관과 기업체 채용, 보수, 승진과정에서 우대하며 대학의 입학전형에 반영
  ※ 우대 반영 비율 및 세부사항은 기업체 및 각 대학 입시요강에 따름
- · 2005학년도 대학수학능력시험부터 '漢文'을 선택과목으로 채택
- · 한국방송통신대학교 중어중문학과 졸업논문 대체 인정(1급 이상)
- · 대상급수: 사범, 1급, 2급, 3급

● 급수별 요강

급수		공인급수				교양급수							
		사범	1급	2급	3급	준3급	4급	준4급	5급	준5급	6급	7급	8급
평가한자수	계	5,000자	3,500자	2,300자	1,800자	1,350자	900자	700자	450자	250자	170자	120자	50자
	선정한자	5,000자	3,500자	2,300자	1,300자	1,000자	700자	500자	300자	150자	70자	50자	30자
	교과서 직업군별 실용한자어	단문. 한시 등	500단어	500단어	500자 (436단어)	350자 (305단어)	200자 (156단어)	200자 (139단어)	150자 (117단어)	100자 (62단어)	100자 (62단어)	70자 (43단어)	20자 (13단어)
문항수		200	150	100	100	100	100	100	100	100	80	50	50
합격기준		80점	70점	70점	70점	70점	70점	70점	70점	70점	70점	70점	70점
시험시간(분)		120	80	60	60	60	60	60	60	60	60	60	60

※ 교과서 한자어는 3급 이하 급수에서 출제되며, 쓰기문제는 출제되지 않습니다.   ※ 직업군별 실용한자어는 1급과 2급에서 출제됩니다.

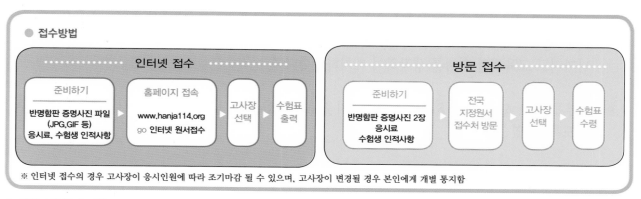

● 접수방법

인터넷 접수

준비하기
반명함판 증명사진 파일 (JPG,GIF 등) 응시료, 수험생 인적사항
→ 홈페이지 접속 www.hanja114.org go 인터넷 원서접수
→ 고사장 선택
→ 수험표 출력

방문 접수

준비하기
반명함판 증명사진 2장 응시료 수험생 인적사항
→ 전국 지정원서 접수처 방문
→ 고사장 선택
→ 수험표 수령

※ 인터넷 접수의 경우 고사장이 응시인원에 따라 조기마감 될 수 있으며, 고사장이 변경될 경우 본인에게 개별 통지함

● 시험당일 준비 사항

▶ 수험표와 신분증 소지(지참)
▶ 필기구   · 6급 이상: 컴퓨터용 사인펜, 검정볼펜, 수정테이프   · 7급~8급: 연필, 지우개
▶ 고사장 위치 사전 확인
▶ 시험시간 20분 전 입실 완료

책의 짜임 및 활용

01 이 책의 짜임

▶▶ 이 책은 8급 한자자격시험에 출제되는 한자 및 한자어를 학습할 수 있도록 구조화하여 단계적으로 쉽게 익힐 수 있도록 구성하였습니다.

☞ '한자자격시험'교양한자급수 8급시험을 대비하기 위하여 첫째방, 둘째방, 셋째방으로 구분하여 편집하였습니다.

▶▶ 각 방은 선정한자 익히기, 교과서 한자어 자세히 알기, 재미있는 성어이야기, 마무리 연습문제로 구성되어 있습니다.

▶▶ '선정한자 익히기'에서는 8급 선정한자를 쓰면서 훈·음, 부수, 총 획수 등을 알게 하였고, 또한 유래를 통해 글자의 어원을 알 수 있게 하여 글자에 대한 깊이 있는 이해를 돕고, 쓰임을 제시해 어떻게 그 글자가 쓰이는가를 알도록 하고 있습니다.

▶▶ '교과서 한자어 자세히 알기'에서는 각 과목별 관련 교과서에 등장하는 한자어를 훈·음과 뜻을 익히고, 어떻게 쓰이는지를 알게 하고 있습니다. 이 과정은 자연스럽게 어휘력 신장에도 도움을 주도록 구성되어 있습니다.

▶▶ '재미있는 성어이야기'에서는 한자성어를 통해 한자에 대한 재미를 갖게 하고, 한자와의 친근감을 높임과 동시에 바른 인성을 형성할 수 있도록 하고 있습니다.

▶▶ 각 방의 끝 부분에 배치되어 있는 '마무리 연습문제'는 그 방에서 배운 내용을 총 정리해 볼 수 있도록 하였습니다. 특히 문제의 지문이나 보기 등에 제시된 단어 하나하나까지도 교육적인 의미를 생각하여 배치하였습니다.

▶▶ '부록'으로 연습문제 5회분과 최근 기출문제 6회분을 실어 한자자격시험에 대비할 수 있도록 하였습니다.

02 이 책의 활용

▶▶ '선정 한자 익히기'
· 큰 소리로 훈(뜻)과 음을 읽으면서 필순을 지켜 써보세요!
· 제시된 빈 칸 수만큼 쓰다 보면 저절로 한자를 익힐 수 있습니다.

▶▶ '교과서 한자어 자세히 알기'
· 제시된 단어를 큰 소리로 읽고, 훈과 음을 읽은 후 풀이말을 몇 차례 읽어봅니다.
· 그리고 쓰임을 읽으면서 빈 칸에 한자어를 정자로 또박 또박 써 나갑니다.

▶▶ '재미있는 성어이야기'
제시된 한자성어를 읽고 이어서 각 글자의 훈과 음을 읽어 본 다음, 그 뜻을 감상해 봅니다.

▶▶ '마무리 연습문제'
각 단계의 끝 부분에 주관식과 객관식의 15문제가 함께 섞여 구성된 평가 문항입니다. 이 문제들을 풀어보면서 앞에서 배운 한자와 한자어 등을 다시 생각해 보고, 혹 잘 모르는 문제가 있다면 본문을 다시 살펴서 완전히 익히고 다음 단계로 넘어가기 바랍니다.

※ 참고문헌: 이재전/ "최신 한자교본"/도서출판 에코노미, 2002.
　　　　　　장형식/ "부수해설"/형민사, 2000.
　　　　　　홍순필/ "한선문신옥편 - 정음옥편 한글판"/보문관, 1917.
　　　　　　　"大漢韓辭典"/교학사, 1998. 등

재미나는 한자공부 무엇을 배울까요? 8급

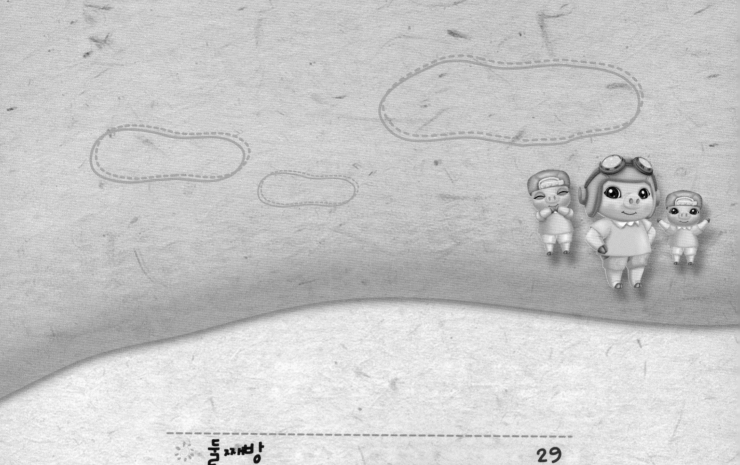

한자공부의 길잡이

● 한자의 3요소

한자는 글자마다 고유한 모양(形)과 소리(音)와 뜻(義)을 가지고 있는데 이를 한자의 3요소라고 한다.

모양(形)	人	火	木	石
소리(音)	인	화	목	석
뜻 (義)	사람	불	나무	돌

● 한자의 짜임 (육서)

1. 상형자(象形字): 사물의 모양을 본떠서 만든 한자
   (예) 日, 山, 月, 水, 木…….

   (1) ☀ ▶ ▤ ▶ ⊖ ▶ ⊖ ▶ 日

   ⇨ 해의 모양을 본뜬 글자로, '해' 또는 '날'의 뜻으로 사용됨

   (2) 🏔 ▶ △ ▶ ⛰ ▶ ⛰ ▶ 山

   ⇨ 산의 모양을 본뜬 글자로, '산'의 뜻으로 사용됨

2. 지사자(指事字): 눈에 보이지 않는 추상적인 개념을 점이나 선과 같은
   기호로써 만든 한자 (예) 上, 本, 天, 一, 二, 中, 下…….

   (1) 🐦 ▶ ⸰ ▶ ᐃ ▶ 上

   ⇨ 기준이 되는 선 위에 점을 찍어 '위'의 뜻을 나타냄

   (2) 🌳 ▶ 朩 ▶ 木 ▶ 本

   ⇨ 나무의 뿌리 부분에 점을 찍어 '뿌리', 곧 '근본'이라는 뜻을 나타냄

   (3) 🌲 ▶ 朩 ▶ 朩 ▶ 末

   ⇨ 나무의 가지 끝 부분에 점을 찍어 '끝'이라는 뜻을 나타냄

3. 회의자(會意字): 이미 만들어진 글자들의 뜻과 뜻이 합쳐져서 만들어진 새로운 뜻을나타내는 한자
(예) 好, 休, 林, 友, 分…….

(1)

女 + 子 = 好
(녀)　(자)　(호)
여자　아들　좋아하다

어머니(女)가 아이(子)를 안고 '좋아하다'라는 뜻을 나타냄

(2)

人 + 木 = 休
(인)　(목)　(휴)
사람　나무　쉬다

사람이 나무에 기대어 쉬다

木 + 木 = 林
(목)　(목)　(림)
나무　나무　수풀

나무가 많다는 의미로 '숲'을 뜻함

4. 형성자(形聲字): 이미 만들어진 글자를 가지고 '뜻'을 나타내는 글자와 '소리'를 나타내는 글자를 결합하여 만들어진 새로운 '뜻'과 '소리'를 지닌 한자
(예) 村, 功, 景, 江, 成, 花, 草…….

(1) 木 + 寸 = 村
　　뜻: 나무　소리: 촌　마을 촌
　　➡ '나무'라는 뜻과 '촌'이라는 소리가 결합하여새로운 글자가 됨

(2) 力 + 工 = 功
　　뜻: 힘　소리: 공　공로 공
　　➡ '힘'이라는 뜻과 '공'이라는 소리가 결합하여 새로운 글자가 됨

(3) 日 + 京 = 景
　　뜻: 해　소리: 경　볕 경
　　➡ '해'라는 뜻과 '경'이라는 소리가 결합하여 새로운 글자가 됨

5. 전주자(轉注字): 이미 만들어진 글자를 가지고 보다 많은 다른 뜻으로 사용 하기 위한 글자. 뜻을 옮기면서 새로운 음을 갖는 글자라고 할 수 있습니다. (예) 樂, 惡, 更······.

한자	본래의 의미		달라진 의미	
	뜻	음	뜻	음
樂	풍류	악	즐거울 좋아할	락 요
惡	악할	악	미워할	오
更	고칠	경	다시	갱

6. 가차자(假借字): '가차'라는 말은 '빌어다 쓴다'는 뜻입니다. 원래의 뜻 과 상관없이 음(音)만을 빌어 쓰게 되는데, 이러한 문자 를 '가차자'라고 합니다. (예) 亞細亞, 美國, 印度······.

외국어	소리글자(표음문자)	뜻글자(표의문자)
	한글	한자
Asia	아시아	아세아(亞細亞)
America	아메리카	미국(美國)
India	인디아	인도(印度)

● 한자의 필순(筆順)

 한자의 획이란 글자의 선과 점을 말합니다. 하나의 글자를 이루는 획을 합한 것을 '총획수'라고 하며, 획을 써나가는 순서를 필순 또는 획순이라 하는 데 이는 글자를 쓰는 순서를 말합니다. 한자는 이 필순에 따라 써야 쓰기가 쉽고 글자모양도 아름답습니다.

 ❋ 필순의 기본원칙은 아래와 같다.

1. ⬇ 위에서 아래로	三 : ` `` 三
2. ➡ 왼쪽에서 오른쪽으로	川 : ノ 刀 川
3. 가로획과 세로획이 엇갈릴 때는 가로획을 먼저	十 : 一 十
4. 좌우가 같은 모양이면 가운데부터	小 : ﾉ 小 小
5. 둘러싼 글자는 '가장자리'부터	回 : ㇀ ㄇ ㄇ ㄇ 回 回
6. 세로로 꿰뚫은 획은 나중에	中 : ㇀ ㄇ ㅁ 中
7. 독립자로 쓰이는 자는 받침을 먼저, 독립자로 쓰이지 않는 자는 받침을 나중에 쓴다.	① 먼저 ㅗ ㅑ ㅑ 走 起 起 ② 나중 ㆍ ㆍㆍ ㆍㆍㆍ 首 首 道

 • 이상은 일반적 원칙만을 서술한 것이니 보다 자세한 내용은 선생님께 여쭈어 봅시다.

한자공부의 길잡이

● 모르는 한자는 어떻게 찾아야 할까?

국어나 영어를 공부할 때 모르는 단어가 나오면 사전을 찾듯이 한자(漢字)는 자전에서 찾아야 합니다.

▶ 자전(字典)=[옥편(玉篇)]이란 무엇인가?

'자전'이란, 한자를 부수와 획수에 따라 차례대로 배열하여 글자의 소리와 뜻을 우리말로 풀이해 놓은 '한자사전'으로 '옥편'이라고도 합니다.

▶ 부수(部首)란 무엇인가?

자전을 보면, 한자를 쉽고 빠르게 찾을 수 있도록 공통점이 있는 한자끼리 묶어 놓았는데, 공통적으로 들어가는 기본글자를 부수라고 합니다. 부수를 알면 자전을 찾을 때 편리할 뿐만 아니라 한자의 뜻을 쉽게 파악할 수 있습니다.

부수로 쓰이는 기본 글자는 모두 214자입니다.

🔍 모르는 한자(漢字) 찾기

1. '부수 색인'을 이용한 한자 찾기

> '安'자를 찾아 볼까요?

① 安 자는 어떤 부수에서 찾아야 할까요?
  安 자는 宀과 女로 된 회의 문자입니다. 부수색인표에서 宀과 女를 찾아보세요.
  ※ 부수색인표는 자전의 맨 앞장과 맨 뒷장에 있습니다.

  우선 女(계집 녀)를 부수로 하는 한자들을 살펴볼까요?
② 女를 부수로 하는 한자들에는 安 자가 없네요.

  그러면 다음으로 宀(집 면)을 부수로 하는 한자들을 살펴볼까요?
③ 아! 安(편안할 안) 자가 여기 있네요.

2. '총획 색인'을 이용한 한자 찾기

'校' 자를 찾아 볼까요?

① 校 자는 총 몇 획으로 쓰였을까요?
하나, 둘, 셋, 넷……. 아! 총 10획으로 쓰였네요. 그러면 자전의 뒤쪽 부록에 있는 '총획 색인'을 살펴봐요.

② '10'획에서 校 자를 찾았나요?
그럼 校 자의 오른쪽에 있는 페이지를 따라가 봅시다.

③ 아! 校(학교 교) 자가 여기 있네요.

3. '자음 색인'을 이용한 한자 찾기

'先' 자를 찾아 볼까요?

① 先 자의 '음'은 무엇일까요?
바로 '선'입니다. 그러면 자전의 뒤쪽 부록에 있는 '자음 색인'을 살펴봐요.

② '선'에서 先 자를 찾았나요?
그럼 先 자의 오른쪽에 있는 페이지를 따라가 봅시다.

③ 아! 先(먼저 선) 자가 여기 있네요.

一	한	일
二	두	이
三	석	삼
四	넉	사
五	다섯	오
六	여섯	륙(육)
七	일곱	칠
八	여덟	팔
九	아홉	구
十	열	십
日	날	일
月	달	월
火	불	화
水	물	수
木	나무	목

土	흙	토
山	메	산
門	문	문
小	작을	소
人	사람	인
白	흰	백
上	위	상
中	가운데	중
下	아래	하
父	아버지	부
母	어머니	모
王	임금	왕
子	아들	자
女	계집	녀
口	입	구

8급 교과서 한자어 일람표

공부	工夫	식물	植物
내용	内容	의견	意見
동물	動物	인물	人物
문장	文章	주의	注意
사물	事物	친구	親舊
생활	生活	학교	學校
선생	先生		

나는 누구일까요?

이름	한글				
	한자				

태어난날

년(年)   월(月)   일(日) (양력, 음력)
_____

나의 꿈

_____

첫째방

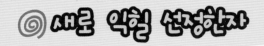

◎ 새로 익힐 선정한자

一	한	일	六	여섯	륙
二	두	이	七	일곱	칠
三	석	삼	八	여덟	팔
四	넉	사	九	아홉	구
五	다섯	오	十	열	십

◎ 교과서에 나오는 한자어

공부	工夫	친구	親舊
선생	先生	학교	學校

선정한자 익히기

一

한 일

| 필순 | 一 | | 부수 | 一 | 총획 | 1획 |

유래 가로 획 하나로 '하나'의 뜻을 지닌다.

쓰임 一日(일일): 하루.
一月(일월): 한 해 열두 달 가운데 첫째 달.

一						

二

두 이

| 필순 | 一 二 | | 부수 | 二 | 총획 | 2획 |

유래 '一(한 일)'을 두 개 놓아 '둘'의 뜻을 지닌다.

쓰임 二十(이십): 스물, 십의 두 배가 되는 수.
二月(이월): 한 해 열두 달 가운데 둘째 달.

二						

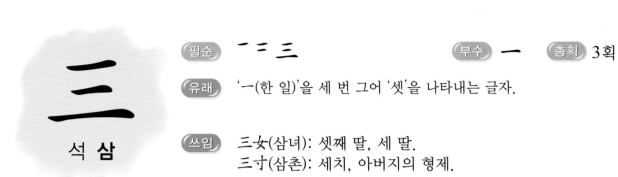

三
석 삼

필순 一 二 三   **부수** 一   **총획** 3획

유래 '一(한 일)'을 세 번 그어 '셋'을 나타내는 글자.

쓰임 三女(삼녀): 셋째 딸, 세 딸.
三寸(삼촌): 세치, 아버지의 형제.

三					

四
넉 사

필순 丨 冂 冂 四 四   **부수** 口   **총획** 5획

유래 '囗(에울 위)'와 '八(여덟 팔)'을 더한 글자로, 사방을 네 부분으로 나눈다고 하여 '넷'의 뜻을 지닌다.

쓰임 四十(사십): 마흔, 십의 네 배가 되는 수.
四方(사방): 동, 서, 남, 북 네 방위를 통틀어 이르는 말.

四					

五
다섯 **오**

필순 一 丁 五 五   **부수** 二   **총획** 4획

유래 '원래는 '𠄡'자로, '二'는 하늘과 땅을 나타내고, '乂'은 음과 양을 나타내는 글자로, 음양이 합해지면 五行(오행)이 생겨난다는 데서 '다섯'의 뜻을 지닌다.

쓰임 五色(오색): 다섯 가지의 빛깔, 여러 가지 빛깔.
三三五五(삼삼오오): 서너 사람 또는 대여섯 사람이 떼를 지어 다니거나 무슨 일을 함.

六
여섯 **륙**

필순 丶 一 亠 六   **부수** 八   **총획** 4획

유래 양손의 세 손가락을 편 모양을 본뜬 글자로, '여섯'을 뜻한다.

쓰임 六十(육십): 예순, 십의 여섯 배가 되는 수.
六月(유월): 한 해 열두 달 가운데 여섯째 달.

七
일곱 **칠**

필순 一 七　　부수 一　　총획 2획

유래 다섯 손가락과 두 손가락을 합친 모양으로 '일곱'을 뜻한다.

쓰임 七十(칠십): 십의 일곱 배가 되는 수.
七夕(칠석): 음력 7월 7일의 명절, 견우와 직녀가 오작교를
　　　　　　건너서 만난다는 전설이 있음.

八
여덟 **팔**

필순 ノ 八　　부수 八　　총획 2획

유래 두 손을 네 손가락씩 펴서 서로 등지게 한 모양으로, '여덟'을 나타
낸다.

쓰임 八月(팔월): 한 해 열두 달 가운데 여덟째 달.
八方美人(팔방미인): 모든 면에서 잘하는 사람.

九
아홉 구

필순 丿九 　　부수 乙　총획 2획

유래 '十'의 획을 구부려 열에서 하나가 모자라는 '아홉'을 나타낸다.

쓰임 九九(구구): 구구법으로 셈을 하는 일.
十中八九(십중팔구): 열 가운데 여덟이나 아홉, 거의 대부분
이거나 틀림없음.

九

十
열 십

필순 一十 　　부수 十　총획 2획

유래 'ㅣ'은 남과 북, '一'은 동과 서를 나타낸 것으로, 동서남북이 모두
갖추어져 있다는 뜻으로 '열'을 나타낸다.

쓰임 十年(십년): 열 해.
十字(십자): '十' 자와 같은 모양.

十

교과서 한자어 자세히 알기

工夫

- **훈음** 장인 **공**, 지아비 **부**
- **풀이** 학문이나 기술을 배우고 익힘.
- **쓰임** 새 학년이 되었으니 더욱 열심히 工夫합시다.

工	夫			
공	부			

先生

- **훈음** 먼저 **선**, 날 **생**
- **풀이** 학생을 가르치는 사람
- **쓰임** 先生님께서 우리 스스로 짝을 정하여 앉아 보라고 하셨습니다.

先	生			
선	생			

親舊

훈음 친할 **친**, 옛 **구**

풀이 가깝게 오래 사귄 사람.

쓰임 생각이 다른 親舊에게 내 생각을 말하여 봅시다.

親 舊					
친 구					

學校

훈음 배울 **학**, 학교 **교**

풀이 일정한 목적·교육 과정·설비·제도 및 법규에 의하여 교사가 계속적으로 학생에게 교육을 실시하는 기관.

쓰임 學校생활은 즐겁습니다.

學 校					
학 교					

● 일석이조(一石二鳥)

一	石	二	鳥
한 일	돌 석	두 이	새 조

'돌 한 개를 던져 새 두 마리를 잡는다.'는 뜻으로, 동시에 두 가지 이득을 봄을 이르는 말입니다.

"방학동안 매일 축구를 했더니 몸도 건강해지고 친구들과 더 친해졌다.
이것이야말로 一石二鳥이다."

● 구사일생(九死一生)

九	死	一	生
아홉 구	죽을 사	한 일	살 생

'아홉 번 죽을 뻔하다 한 번 살아난다.'는 뜻으로, 죽을 고비를 여러 차례 넘기고 겨우 살아남을 이르는 말입니다.

"지하철 선로에 떨어진 그는 한 용감한 시민 덕분에 九死一生으로 목숨을 건질 수 있었다."

첫째방 마무리 연습문제

● 다음 한자의 훈(뜻)과 음(소리)을 쓰세요. (1~4)

1. 三   (   )
2. 七   (   )
3. 四   (   )
4. 二   (   )

● 다음 글을 읽고 밑줄 친 낱말이 뜻하는 한자를 〈보기〉에서 골라 번호를 쓰세요. (5~8)

> 음력 8⁽⁵⁾ 월 15일은 추석입니다. 가족들이 둘러 앉아 송편을 만들며 웃음꽃을 피웠습니다. 나는 주먹만한 송편을 여섯⁽⁶⁾ 개 만들었습니다. 밤이 되자, 우리 네⁽⁷⁾ 식구는 둥근 보름달을 보며 소원을 한⁽⁸⁾ 가지씩 빌었습니다.

보기   ① 一 ② 四 ③ 六 ④ 七 ⑤ 八

5. (   )
6. (   )
7. (   )
8. (   )

🌸 **다음 문장의 한자로 쓰인 낱말의 바른 독음을 골라 번호를 쓰세요. (9~12)**

9. 학생은 學校 가는 것을 게을리하면 안 됩니다. 　　　　　　(　　　　)

　　　① 학원　　　② 도장　　　③ 등산　　　④ 학교

10. 親舊와 사이좋게 지냅시다. 　　　　　　　　　　　　(　　　　)

　　　① 형제　　　② 친구　　　③ 동무　　　④ 아우

11. 先生님의 말씀에 따라 행동합시다. 　　　　　　　　(　　　　)

　　　① 부모　　　② 교장　　　③ 선생　　　④ 원장

12. 한자 工夫는 매우 재미있습니다. 　　　　　　　　　(　　　　)

　　　① 문제　　　② 공부　　　③ 수업　　　④ 숙제

🌸 **다음 한자의 바른 음을 골라 번호를 쓰세요. (13~15)**

13. 九 　　　　　　　　　　　　　　　　　　　　　　(　　　　)

　　　① 구　　　② 칠　　　③ 팔　　　④ 육

14. 五 　　　　　　　　　　　　　　　　　　　　　　(　　　　)

　　　① 토　　　② 사　　　③ 오　　　④ 왕

15. 十 　　　　　　　　　　　　　　　　　　　　　　(　　　　)

　　　① 삼　　　② 십　　　③ 천　　　④ 토

정답 (셋째 방)

1. 문 문	2. 계집/여자 녀	3. 아들 자	4. 입 구	5. ④
6. ②	7. ①	8. ⑤	9. ①	10. ③
11. ①	12. ①	13 ②	14. ②	15. ④

둘째 방

새로 익힐 선정한자

日	날	일	土	흙	토
月	달	월	山	메	산
火	불	화	上	위	상
水	물	수	中	가운데	중
木	나무	목	下	아래	하

교과서에 나오는 한자어

동물	動物	식물	植物
사물	事物	인물	人物

선정한자 익히기

日
날 일

필순 ㅣ 冂 月 日　　　　**부수** 日　　　**총획** 4획

유래 해의 모양을 본뜬 글자로, '날, 해'를 나타낸다.

쓰임 生日(생일): 세상에 태어난 날.
日記(일기): 날마다 그날그날 겪은 일이나 생각, 느낌 따위를
　　　　　적는 개인의 기록.

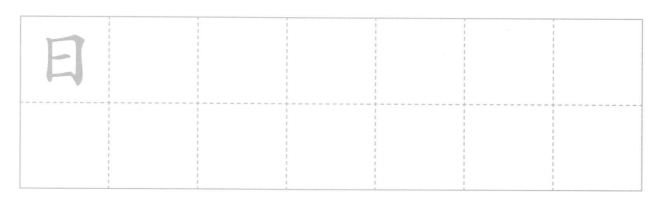

月
달 월

필순 ㅣ 刀 月 月　　　　**부수** 月　　　**총획** 4획

유래 달의 모양을 본뜬 글자로, '달'을 나타낸다.

쓰임 日月(일월): 해와 달, 세월.
五月(오월): 한 해 열두 달 가운데 다섯째 달.

火
불 **화**

| 필순 | 丶 丶 丿 火 | | 부수 | 火 | 총획 | 4획 |

유래 불이 활활 타오르는 모양을 본뜬 글자.

쓰임 火山(화산): 땅 속의 마그마가 밖으로 터져 나와 쌓여 이루어진 산.
火力(화력): 불의 힘.

火

水
물 **수**

| 필순 | 亅 乛 才 水 | | 부수 | 水 | 총획 | 4획 |

유래 물이 흐르고 있는 모습을 본뜬 글자.

쓰임 水門(수문): 저수지나 수로에 설치하여 물의 양을 조절하는 문
下水(하수): 빗물이나 집, 공장, 병원 따위에서 쓰고 버리는 더러운 물.

水

木
나무 목

| 필순 | 一 十 才 木 | 부수 | 木 | 총획 | 4획 |

유래 나무의 모양을 본뜬 글자

쓰임 火木(화목): 땔감으로 쓸 나무.
木工(목공): 나무를 다루어서 물건을 만드는 일, 목수.

土
흙 토

| 필순 | 一 十 土 | 부수 | 土 | 총획 | 3획 |

유래 새싹이 땅 위로 솟아난 모양을 본뜬 글자로, 싹이 돋아날 수 있는 '흙'을 뜻한다.

쓰임 土木(토목): 흙과 나무를 아울러 이르는 말.
白土(백토): 빛깔이 희고 부드러우며 고운 흙.

선정한자 익히기

山
메 산

필순 ㅣ ㅛ 山   **부수** 山   **총획** 3획

유래 산의 모양을 본떠 만든 글자.

쓰임 下山(하산): 산에서 내려옴.
山中(산중): 산속.

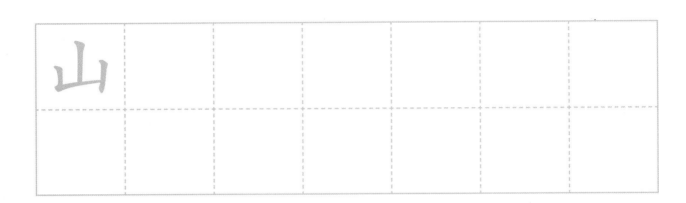

山

上
위 상

필순 ㅏ 上   **부수** 一   **총획** 3획

유래 땅(一) 위에 점을 찍어 위쪽을 나타내는 글자.

쓰임 上下(상하): 위와 아래를 아울러 이르는 말.
水上(수상): 물의 위.

上

中
가운데 **중**

필순 ㅣ ㅁ ㅁ 中　　　부수 ㅣ　　총획 4획

유래 사물을 가리키는 ㅁ자를 아래로 꿰뚫은 모양에서 '가운데'의 뜻을 지니며, '맞다'의 뜻도 지닌다.

쓰임 水中(수중): 물속.
人中(인중): 코와 윗입술 사이에 오목하게 골이 진 곳.

中						

下
아래 **하**

필순 ㅡ ㅜ 下　　　부수 ㅡ　　총획 3획

유래 땅(ㅡ) 아래 점을 찍어 아래를 나타낸 글자

쓰임 門下(문하): 가르침을 받는 스승의 아래.
下人(하인): 남의 집에 매여 일을 하는 사람.

下						

動物

훈음 움직일 **동**, 물건 **물**

풀이 길짐승, 날짐승, 물고기, 벌레, 사람 따위를 통틀어 이르는 말.

쓰임 動物에게 먹이를 함부로 주지 않습니다.

動	物				
동	물				

事物

훈음 일 **사**, 물건 **물**

풀이 일과 물건을 아울러 이르는 말.

쓰임 우리 주변의 물건들을 事物이라고 합니다.

事	物				
사	물				

植物

훈음 심을 **식**, 물건 **물**

풀이 온갖 나무와 풀의 총칭.

쓰임 동물과 植物의 특징을 흉내 내어 봅시다.

植 物				
식 물				

人物

훈음 사람 **인**, 물건 **물**

풀이 생김새나 됨됨이로 본 사람.

쓰임 이야기에는 여러 人物이 나옵니다.

人 物				
인 물				

재미있는 성어이야기

🌑 십중팔구(十中八九)

十
열 십

中
가운데 중

八
여덟 팔

九
아홉 구

'열 가운데 여덟이나 아홉 정도'로 거의 대부분이거나 거의 틀림없음을 나타냅니다.

"아이들은 十中八九 떡볶이를 좋아한다."

🌑 막상막하(莫上莫下)

莫
없을 막

上
위 상

莫
없을 막

下
아래 하

'위도 없고 아래도 없다."는 뜻으로, 더 낫고 더 못함의 차이가 거의 없음을 이르는 말입니다.

"두 선수의 실력이 莫上莫下여서 누가 우승할지 모르겠다."

38 한자자격시험 8급

● 다음 한자의 훈(뜻)과 음(소리)을 쓰세요. (1~4)

1. 火 (   )

2. 中 (   )

3. 日 (   )

4. 水 (   )

● 다음 글을 읽고 밑줄 친 낱말이 뜻하는 한자를 〈보기〉에서 골라 번호를 쓰세요. (5~8)

산(5)에 나무가 없으면, "나는 옷이 없어서 창피해." 하고 산이 말하지요.

산에 작은 나무(6)를 심고, 그 위(7)에 흙(8)을 덮어주고 잘 가꿔주면, "고마워." 하고 산이 말하지요.

보기   ① 木   ② 土   ③ 山   ④ 小   ⑤ 上

5. (   )

6. (   )

7. (   )

8. (   )

◉ 다음 문장의 한자어로 쓰인 낱말의 독음을 골라 번호를 쓰세요. (9~12)

9. 나무, 풀 등을 植物이라고 합니다. ( )
　　① 생물　② 채소　③ 야채　④ 식물

10. 우리 주변의 물건들을 事物이라고 합니다. ( )
　　① 사물　② 동물　③ 인물　④ 생물

11. 動物의 울음소리를 흉내 내어 보았습니다. ( )
　　① 식물　② 동물　③ 생물　④ 인물

12. 우리 고장에는 나라를 빛낸 훌륭한 人物들이 많이 있습니다. ( )
　　① 인간　② 사람　③ 인물　④ 동물

◉ 다음 한자의 바른 음을 골라 번호를 쓰세요. (13~15)

13. 木 ( )
　　① 화　② 목　③ 수　④ 대

14. 月 ( )
　　① 일　② 백　③ 월　④ 구

15. 下 ( )
　　① 하　② 상　③ 토　④ 수

☞ 정답은 54쪽으로

정답 (첫째 방)

1. 석 삼　2. 일곱 칠　3. 넉 사　4. 두 이　5. ⑤
6. ③　7. ②　8. ①　9. ④　10. ②
11. ③　12. ②　13 ①　14. ③　15. ②

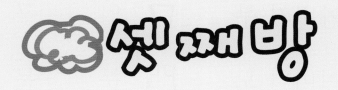 셋째 방

🌥 새로 익힐 선정한자

父	아버지 부	口	입 구
母	어머니 모	門	문 문
子	아들 자	小	작을 소
女	계집 녀	人	사람 인
王	임금 왕	白	흰 백

🌥 교과서에 나오는 한자어

내용	内容	의견	意見
문장	文章	주의	注意
생활	生活		

父
아버지 **부**

필순	´ ヽ ゲ 父
부수	父
총획	4획

유래 손에 도끼를 잡고 있는 남자의 모습을 본뜬 글자로, 연장을 들고 가족을 위해 일하는 '아버지'를 뜻하는 글자.

쓰임 父母(부모): 아버지와 어머니.
父子(부자): 아버지와 아들을 아울러 이르는 말.

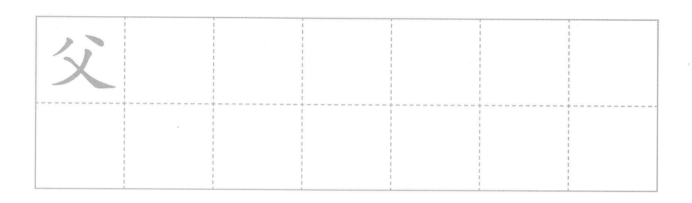

母
어머니 **모**

필순	ㄴ ㄅ 乜 乭 母
부수	母
총획	5획

유래 여자가 어린아이를 안고 젖을 먹이는 모양을 본뜬 글자로, '어머니'를 뜻하는 글자.

쓰임 母女(모녀): 어머니와 딸을 아울러 이르는 말.
母子(모자): 어머니와 아들을 아울러 이르는 말.

선정한자 익히기

子
아들 **자**

(필순) ㄱ 了 子   (부수) 子   (총획) 3획

(유래) 어린아이가 두 팔을 벌리고 있는 모습을 본뜬 글자로, '아들', '사람'의 뜻을 지닌다.

(쓰임) 子女(자녀): 아들과 딸을 통틀어 이르는 말.
小子(소자): 아들이 부모를 상대하여 자기를 낮추어 이르는 말.

子					

女
계집 **녀**

(필순) ㄑ ㄣ 女   (부수) 女   (총획) 3획

(유래) 여자가 손을 모으고 무릎을 굽히고 얌전히 앉아 있는 모습을 본뜬 글자.

(쓰임) 女人(여인): 어른이 된 여자.
女子(여자): 여성으로 태어난 사람.

女					

王
임금 **왕**

필순 一 二 千 王
부수 玉   **총획** 4획

유래 '三'은 하늘, 땅, 사람을 상징하는 것으로, 이 세 가지를 통치하는 '임금'을 뜻한다.

쓰임 王子(왕자): 임금의 아들.
女王(여왕): 여자 임금.

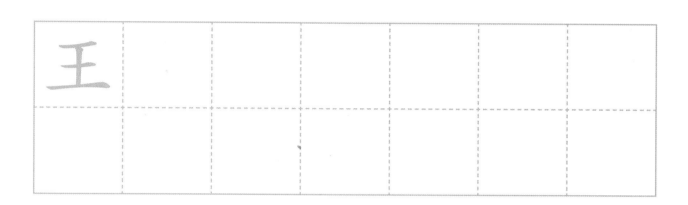

口
입 **구**

필순 丨 冂 口
부수 口   **총획** 3획

유래 사람의 입의 모양을 본떠 만든 글자.

쓰임 人口(인구): 일정한 지역에 사는 사람의 수.
火口(화구): 불을 때는 아궁이의 아가리.

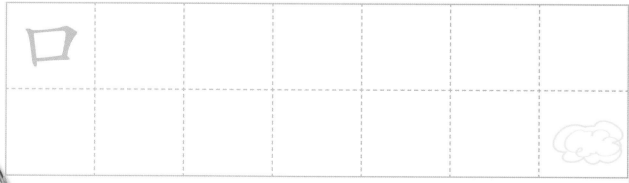

門
문 문

필순 ｜ 冂 冂 冂 門 門

부수 門   총획 8획

유래 두 개의 문짝이 달린 문의 모양을 본떠 만든 글자.

쓰임 大門(대문): 큰 문, 집의 정문.
門中(문중): 성과 본이 같은 가까운 집안.

門

小
작을 소

필순 亅 小 小

부수 小   총획 3획

유래 작은 점을 세 개 찍은 모양으로 '작다'의 뜻을 지닌다.

쓰임 小人(소인): 나이가 어린 사람.
中小(중소): 규모나 수준 따위가 중간 정도인 것과 그 이하인 것.

小

人
사람 **인**

필순 ノ 人   부수 人   총획 2획

유래 사람의 모습을 본떠 만든 글자.

쓰임 一人(일인): 한 사람, 또는 어떤 사람.
人物(인물): 뛰어난 사람. 사람과 물건을 아울러 이르는 말.

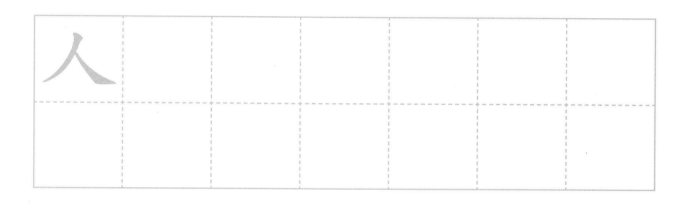

白
흰 **백**

필순 ′ ′ ㅂ 白 白   부수 白   총획 5획

유래 '日'과 'ノ'을 더한 글자로, 해의 빛이 희다는 데서 '희다'의 뜻을 지닌다.

쓰임 白人(백인): 백색 인종에 속하는 사람.
白日(백일): 구름이 끼지 않아 밝게 빛나는 해.

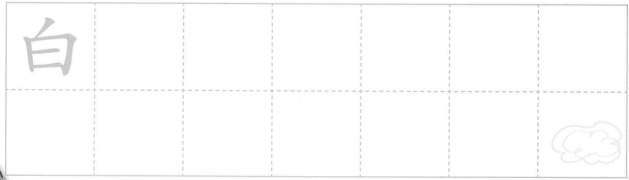

内容

 훈음   안 **내**, 얼굴 **용**

풀이   ① 그릇이나 포장 따위의 안에 든 것.
② 사물의 속내를 이루는 것.

쓰임   '되돌아보기'에서 살펴본 內容을 생각하며 하나를 선택하여 공부하여 봅시다.

内	容				
내	용				

文章

훈음   글월 **문**, 글 **장**

풀이   생각이나 감정을 말로 표현할 때 완결된 내용을 나타내는 최소의 단위.

쓰임   물음표는 묻는 文章의 끝에 씁니다.

文	章				
문	장				

生活

훈음 날 **생**, 살 **활**

풀이 사람이나 동물이 일정한 환경에서 활동하며 살아감.

쓰임 윤식이의 生活에서 고쳐야 할 점은 무엇인가요?

生	活					
생	활					

意見

훈음 뜻 **의**, 볼 **견**

풀이 어떤 대상에 대하여 가지는 생각.

쓰임 이야기에 나오는 인물이 어떤 일에 대하여 가지는 생각을 인물의 意見이라고 합니다.

意	見					
의	견					

注意

- **훈음** 물댈/부을 **주**, 뜻 **의**
- **풀이** 마음에 새겨 두고 조심함.
- **쓰임** 흉내 내는 말에 注意하여 '곰과 여우'를 다시 읽어 봅시다.

注意					
주의					

● 인산인해 (人山人海)

人	山	人	海
사람 인	메 산	사람 인	바다 해

'사람이 산을 이루고 바다를 이루었다.'는 뜻으로, 사람이 수없이 많이 모인 상태를 이르는 말입니다.

"휴가철 해수욕장은 피서객들로 人山人海를 이룹니다."

● 삼인성호 (三人成虎)

三	人	成	虎
석 삼	사람 인	이룰 성	범 호

'세 사람이 짜면 거리에 범이 나왔다는 거짓말도 꾸밀 수 있다.'는 뜻으로, 근거 없는 말이라도 여러 사람이 말하면 곧이듣게 됨을 이르는 말입니다.

"三人成虎라더니, 만우절 날 우리가 짜고 한 거짓말에 친구가 깜박 속았다."

나와 아버지는 몇 촌일까요?

촌(寸)은 친족 관계의 멀고 가까움을 나타내는 단위입니다.

부부끼리는 0촌,
부모와 자식 사이는 1촌,
형제끼리는 2촌 입니다.

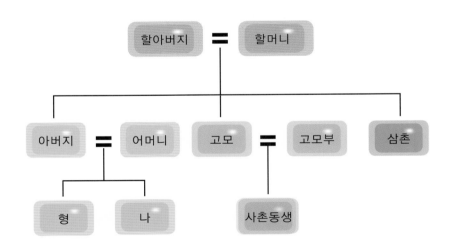

1. 나와 고모는 몇 촌일까요?

2. 사촌동생과 할머니는 몇 촌일까요?

정답
1. 3촌   2. 2촌

● 다음 한자의 훈(뜻)과 음(소리)을 쓰세요. (1~4)

1. 門 (   )
2. 女 (   )
3. 子 (   )
4. 口 (   )

● 다음 글을 읽고 밑줄 친 낱말이 뜻하는 한자를 〈보기〉에서 골라 번호를 쓰세요. (5~8)

아버지(5)의 생신을 축하하기 위해 동생과 나는 작은(6) 선물을 준비하였고, 어머니(7)께서는 정성껏 음식을 마련하셨습니다. 우리는 생신축하 노래를 부르고 나서 하얀(8) 눈이 내린 것 같이 예쁜 생일 케이크를 먹었습니다.

보기 ① 母 ② 小 ③ 子 ④ 父 ⑤ 白

5. (   )
6. (   )
7. (   )
8. (   )

셋째방 마무리 연습문제

❀ 다음 문장의 한자어로 쓰인 낱말의 독음을 골라 번호를 쓰세요. (9~12)

9. 짧은 文章의 글짓기를 해 봅시다.　　　　　　　　（　　　　　）

  ① 문장　　② 문단　　③ 문호　　④ 문구

10. 다음 内容을 잘 읽고 질서의 중요함을 느껴봅시다.　　（　　　　　）

  ① 기사　　② 신문　　③ 내용　　④ 광고

11. 횡단보도를 건널 때는 注意해야 합니다.　　　　　（　　　　　）

  ① 주의　　② 조심　　③ 관찰　　④ 실험

12. 양보하는 방법에 대한 意見을 말해 봅시다.　　　　（　　　　　）

  ① 의견　　② 주장　　③ 주의　　④ 생각

❀ 다음 한자의 바른 음을 골라 번호를 쓰세요. (13~15)

13. 人　　　　　　　　　　　　　　　　　　　　　　　（　　　　　）

  ① 일　　② 인　　③ 팔　　④ 백

14. 王　　　　　　　　　　　　　　　　　　　　　　　（　　　　　）

  ① 삼　　② 왕　　③ 오　　④ 상

15. 小　　　　　　　　　　　　　　　　　　　　　　　（　　　　　）

  ① 천　　② 화　　③ 수　　④ 소

☞ **정답은 28쪽으로**

정답 (둘째 방)

1. 불 화　　2. 가운데 중　　3. 날/해 일　　4. 물 수　　5. ③
6. ①　　7. ⑤　　8. ②　　9. ④　　10. ①
11. ②　　12. ③　　13. ②　　14. ③　　15. ①

연습문제

문제를 풀기 전에 꼭 알아두세요!!

♣ **시험시간은 몇 분인가요?**

☞ 60분입니다.

♣ **문제는 총 몇 개인가요?**

☞ 객관식 30개 주관식 20개

모두 합해서 50개입니다.

♣ **합격은 몇 점인가요?**

☞ 70점(35개) 이상 맞아야 해요.

한자 자격시험 [8급] 연습문제 1회

객관식(1~30번)

● 다음 《 》 안의 뜻에 맞는 한자를 골라 번호를 쓰시오.

1. 《 불 》 ① 水 ② 火 ③ 木 ④ 中 ( )
2. 《 여섯 》 ① 七 ② 五 ③ 八 ④ 六 ( )
3. 《어머니》 ① 日 ② 母 ③ 門 ④ 山 ( )
4. 《 임금 》 ① 小 ② 人 ③ 王 ④ 上 ( )
5. 《 열 》 ① 九 ② 十 ③ 八 ④ 七 ( )
6. 《 여자 》 ① 女 ② 口 ③ 子 ④ 人 ( )
7. 《 흙 》 ① 下 ② 中 ③ 上 ④ 土 ( )
8. 《 다섯 》 ① 四 ② 五 ③ 七 ④ 八 ( )
9. 《 아래 》 ① 中 ② 上 ③ 下 ④ 山 ( )
10. 《 입 》 ① 口 ② 日 ③ 白 ④ 水 ( )

● 다음 문장 중 한자어를 바르게 읽은 것을 골라 번호를 쓰시오.

11. 山에 아카시아가 한창입니다. ( )

　　① 집　　② 들　　③ 산　　④ 섬

12. '5月'에는 어린이날이 있습니다. ( )

　　① 일　　② 월　　③ 목　　④ 자

13. 교실 門을 예쁘게 장식했습니다. ( )

　　① 문　　② 창　　③ 앞　　④ 내

14. 흰옷을 빨 때는 '표白제'를 사용합니다. ( )

　　① 시　　② 일　　③ 백　　④ 성

15. '외계人'이 나오는 영화를 보았습니다. ( )

　①수　②입　③생　④인

16. 반 대항 달리기에서 二등을 하였습니다. ( )

　①삼　②이　③사　④일

17. 우리 언니는 못하는 것이 없는 '八방미인'입니다. ( )

　①칠　②구　③팔　④육

18. 마술사는 '水정' 구슬을 바라보며 주문을 외웠습니다. ( )

　①가　②목　③화　④수

● 다음 글을 읽고 밑줄 친 부분이 뜻하는 한자를 〈보기〉에서 골라 번호를 쓰시오.

> 우리 집은 밤골마을 근처의 (19)산 중턱에 자리하고 있습니다. 마을(20)사람들은 우리 집을 '(21)아들이 (22)셋 있는 집'이라고 해서 '삼형제네'라고 부릅니다. 그리고 막내인 나를 보면 항상 '막둥이'라고 부릅니다.
>
> 큰형은 우리 (23)가운데 키가 제일 큽니다. 힘도 제일 세서, (24)물 긷는 (25)날이면 언제나 먼저 나서서 물지게를 짊어지고 아랫마을로 내려갑니다. 둘째형은 (26)나무를 잘 타서, 철마다 높은 나무 (27)위에 올라가 맛있는 과일을 따다 줍니다. 나는 멋진 우리 형들이 정말 자랑스럽습니다.

보기 ① 日　② 木　③ 三　④ 子　⑤ 山　⑥ 水　⑦ 上　⑧ 人　⑨ 中

19. (   )   20. (   )   21. (   )
22. (   )   23. (   )   24. (   )
25. (   )   26. (   )   27. (   )

박꽃 피는 마을

김원겸

바닷가 (28)작은 마을 깊어가는 여름 밤
지붕마다 (29)하얀 박꽃이 함초롬히 피어있어요
맑은 하늘 가득한 별 끝없는 파도소리
언덕 위로 떠오르며 빙그레 웃음 짓는 (30)달
모두가 잠들지 않고 밤새도록 소곤거려요

보 기   ① 月   ② 火   ③ 白   ④ 小

28. (   )   29. (   )   30. (   )

주관식(31~50번)

● 다음 한자어의 독음(소리)을 〈보기〉와 같이 쓰시오.

보 기   一 日   (일일)

31. 四十   (   )
32. 王子   (   )
33. 母女   (   )
34. 火木   (   )

● 다음 한자의 훈(뜻)과 음(소리)을 〈보기〉와 같이 쓰시오.

보 기	一 (하나 일)

35. 日 (   )   36. 中 (   )

37. 上 (   )   38. 小 (   )

39. 九 (   )   40. 父 (   )

41. 土 (   )   42. 下 (   )

43. 七 (   )   44. 口 (   )

● 다음 문장 중 한자어의 독음(소리)을 〈보기〉에서 찾아 쓰시오.

보 기	선생 인물 생활 공부 동물 의견

45. 강아지는 귀여운 動物입니다.   (   )

46. 바른 자세로 앉아서 工夫를 합니다.   (   )

47. 방학 동안 시골生活을 체험하였습니다.   (   )

48. 친구의 意見을 주의 깊게 들었습니다.   (   )

49. 先生님의 구령에 맞추어 체조를 하였습니다.   (   )

50. 동화 속에 등장하는 人物의 성격이 나와 비슷합니다.   (   )

수고하셨습니다

객관식(1~30번)

● 다음 《 》 안의 뜻에 맞는 한자를 골라 번호를 쓰시오.

1. 《 여 자 》   ① 父   ② 水   ③ 木   ④ 女   (   )

2. 《   산   》   ① 山   ② 中   ③ 土   ④ 下   (   )

3. 《 여 섯 》   ① 七   ② 六   ③ 八   ④ 九   (   )

4. 《 아 들 》   ① 王   ② 火   ③ 小   ④ 子   (   )

5. 《 아 홉 》   ① 七   ② 十   ③ 九   ④ 五   (   )

6. 《 아 버 지 》   ① 父   ② 子   ③ 四   ④ 口   (   )

7. 《   열   》   ① 三   ② 八   ③ 十   ④ 日   (   )

8. 《 나 무 》   ① 土   ② 木   ③ 水   ④ 月   (   )

9. 《 어 머 니 》   ① 門   ② 母   ③ 日   ④ 中   (   )

10. 《   불   》   ① 火   ② 六   ③ 白   ④ 山   (   )

● 다음 문장 중 한자어를 바르게 읽은 것을 골라 번호를 쓰시오.

11. 나는 매日 아침 운동을 합니다.   (   )

　　① 시   ② 년   ③ 월   ④ 일

12. 우리 집 '식口'는 모두 여섯입니다.   (   )

　　① 기   ② 사   ③ 수   ④ 구

13. 이번 土요일엔 가족 소풍을 갑니다.   (   )

　　① 목   ② 수   ③ 토   ④ 화

14. 밤하늘의 북두七성은 국자 모양입니다.   (   )

　　① 칠   ② 하   ③ 상   ④ 삼

15. 외국人에게 길을 가르쳐 주었습니다. ( )

① 자   ② 인   ③ 소   ④ 간

16. 띠촌 언니와 함께 고무줄놀이를 했습니다. ( )

① 칠   ② 팔   ③ 오   ④ 사

17. 북극에 사는 '白곰'은 생선을 좋아합니다. ( )

① 자   ② 일   ③ 백   ④ 흑

18. 아버지와 함께 '水산물'시장에 다녀왔습니다. ( )

① 수   ② 해   ③ 목   ④ 토

● 다음 글을 읽고 밑줄 친 부분이 뜻하는 한자를 〈보기〉에서 골라 번호를 쓰시오.

세상의 어떤 (19)사람도 찾아갈 수 없는 넓은 호수의 한 (20)가운데에는 꽃의 (21)임금님이 살고 있습니다. 임금님은 이곳에서 요정들과 함께 아기 꽃 만드는 일을 합니다.

하얀 (22)흙을 모아 반죽을 한 후, 꽃잎을 예쁘게 빚습니다. 그리고 하늘 (23)위의 (24)일곱 빛깔 무지개에서 붉은색을 빌려옵니다. 임금님이 크게 숨을 불어 넣자 빨간 아기 꽃이 하늘하늘 춤을 춥니다. (25)작은 요정들이 무지개 (26)아래로 분주히 날아갑니다. 아기 꽃들 사이를 오고 가며, (27)물을 주기도 하고, 꿀을 따기도 합니다.

보 기
① 下   ② 王   ③ 七   ④ 上   ⑤ 人
⑥ 小   ⑦ 中   ⑧ 水   ⑨ 土

19. (   )   20. (   )   21. (   )
22. (   )   23. (   )   24. (   )
25. (   )   26. (   )   27. (   )

어느 여름날 아침, 철수는 하늘의 둥근 해가 달에 가리는 광경을
보고 소리쳤습니다.
"엄마! 빨리 와보세요! (28)달이 (29)해를 삼켰어요."
"어머, 정말? 해가 (30)하얀 달에게 꿀꺽 먹혔네!"

보 기   ① 月 ② 白 ③ 子 ④ 日

28. (   )   29. (   )   30. (   )

주관식(31~50번)

● 다음 한자어의 독음(소리)을 〈보기〉와 같이 쓰시오.

보 기   一 日   (일일)

31. 父母   (   )
32. 子女   (   )
33. 火山   (   )
34. 十九   (   )

◉ 다음 한자의 훈(뜻)과 음(소리)을 〈보기〉와 같이 쓰시오.

보 기	一 (하나 일)

35. 月 (   )   36. 中 (   )

37. 下 (   )   38. 小 (   )

39. 口 (   )   40. 王 (   )

41. 五 (   )   42. 門 (   )

43. 八 (   )   44. 上 (   )

◉ 다음 문장 중 한자어의 독음(소리)을 〈보기〉에서 찾아 쓰시오.

보 기	식물 문장 주의 친구 내용 학교

45. 이야기의 다음 內容을 상상해 봅시다.   (   )

46. 學校 운동장에서 공놀이를 했습니다.   (   )

47. 親舊들과 함께 동물원에 다녀왔습니다.   (   )

48. 공사장을 지날 때에는 注意해야 합니다.   (   )

49. 이것은 사랑을 줄수록 잘 자라는 植物입니다.   (   )

50. 동화 속 주인공의 마음을 한 文章으로 나타내 봅시다.   (   )

객관식(1~30번)

● 다음 《 》 안의 뜻에 맞는 한자를 골라 번호를 쓰시오.

1. 《 아홉 》 　 ① 七 　 ② 八 　 ③ 九 　 ④ 十 　 (　 　)

2. 《 계집 》 　 ① 王 　 ② 女 　 ③ 小 　 ④ 木 　 (　 　)

3. 《 어머니 》 　 ① 中 　 ② 父 　 ③ 母 　 ④ 白 　 (　 　)

4. 《 임금 》 　 ① 王 　 ② 山 　 ③ 月 　 ④ 土 　 (　 　)

5. 《 일곱 》 　 ① 五 　 ② 六 　 ③ 七 　 ④ 八 　 (　 　)

6. 《 아들 》 　 ① 水 　 ② 女 　 ③ 下 　 ④ 子 　 (　 　)

7. 《 사람 》 　 ① 門 　 ② 人 　 ③ 王 　 ④ 女 　 (　 　)

8. 《 아버지 》 　 ① 子 　 ② 母 　 ③ 小 　 ④ 父 　 (　 　)

9. 《 셋 》 　 ① 二 　 ② 三 　 ③ 四 　 ④ 五 　 (　 　)

10. 《 흙 》 　 ① 土 　 ② 木 　 ③ 上 　 ④ 下 　 (　 　)

● 다음 문장 중 한자어를 바르게 읽은 것을 골라 번호를 쓰시오.

11. 木요일에 소풍을 갑니다. 　 　 　 (　 　)

　　 ① 월 　 ② 화 　 ③ 수 　 ④ 목

12. '우리 오빠는 六학년입니다 　 　 　 (　 　)

　　 ① 오 　 ② 육 　 ③ 칠 　 ④ 찰

13. 나의 꿈은 水중 발레리나입니다. 　 　 　 (　 　)

　　 ① 상 　 ② 목 　 ③ 수 　 ④ 소

14. 선비는 큰소리로 門지기를 불렀습니다. 　 　 　 (　 　)

　　 ① 문 　 ② 분 　 ③ 굴 　 ④ 책

15. 우리 뱃속에는 小장과 대장이 있습니다.　　　　　　　　　(　　)

　　① 중　　② 소　　③ 사　　④ 위

16. 어머니께서 山나물로 반찬을 만들어 주셨다.　　　　　　(　　)

　　① 풀　　② 들　　③ 강　　④ 산

17. 여덟달 만에 태어난 아기를 '八삭둥이'라고 합니다.　　　(　　)

　　① 칠　　② 팔　　③ 구　　④ 십

18. 입에서 입으로 전해오는 이야기를 '口전동화'라고 합니다.　(　　)

　　① 작　　② 아　　③ 수　　④ 구

◉ 다음 글을 읽고 밑줄 친 부분이 뜻하는 한자를 〈보기〉에서 골라 번호를 쓰시오.

　아기 하마는 (19)나무 (20)위에서 놀고 있는 원숭이와 친구가 되고 싶었습니다. "원숭이야, 나와 친구가 되어줄래?"

　원숭이는 나무 (21)아래로 내려와 말했습니다.

"그건 안 돼. 나는 몸집이 (22)작아서 괜찮지만 네가 이 나뭇가지에 앉으면 가지가 부러지고 말거야."

　그리고 (23)다섯 (24)날이 지났습니다. 원숭이는 숲 속 연못으로 (25)물놀이를 갔습니다. 그런데 연못에는 남아있는 물이 별로 없어서 물놀이를 할 수가 없었습니다. 그때 아기 하마가 연못의 한 (26)가운데로 들어가자 물이 금세 불어났습니다.

　원숭이는 아기 하마에게 고마워했고 (27)둘은 좋은 친구가 되었답니다.

보 기　① 木　② 下　③ 小　④ 水　⑤ 二　⑥ 上　⑦ 日　⑧ 五　⑨ 中

19. (   )   20. (   )   21. (   )
22. (   )   23. (   )   24. (   )
25. (   )   26. (   )   27. (   )

보름(28)달
추석날 밤 맑은 하늘
(29)하얀 보름달
초가집 창(30)문 아래
동그란 아가 얼굴

보 기   ① 白   ② 門   ③ 木   ④ 月

28. (   )   29. (   )   30. (   )

주관식(31~50번)

● 다음 한자어의 독음(소리)을 〈보기〉와 같이 쓰시오.

보 기   一日 (일일)

31. 子女 (   )

32. 四十 (   )

33. 火山 (   )

34. 月下 (   )

● 다음 한자의 훈(뜻)과 음(소리)을 〈보기〉와 같이 쓰시오.

보 기	一 (하나 일)

35. 白 (   )   36. 七 (   )

37. 山 (   )   38. 中 (   )

39. 九 (   )   40. 火 (   )

41. 土 (   )   42. 上 (   )

43. 五 (   )   44. 人 (   )

● 다음 문장 중 한자어의 독음(소리)을 〈보기〉에서 찾아 쓰시오.

보 기	내용 문장 선생 식물 인물 주의

45. 수업의 内容이 바뀌었습니다.   (   )

46. 植物의 성장을 관찰했습니다.   (   )

47. 우리 반 先生님은 아주 예쁘십니다.   (   )

48. 친구들의 의견을 注意 깊게 들어봅시다.   (   )

49. 文章부호에는 마침표, 쉼표 등이 있습니다.   (   )

50. 위대한 人物의 이야기를 쓴 책을 '위인전'이라고 합니다.   (   )

수고하셨습니다

객관식(1~30번)

● 다음 《 》안의 뜻에 맞는 한자를 골라 번호를 쓰시오.

1. 《 아 들 》 ① 子 ② 父 ③ 木 ④ 日 ( )
2. 《 사 람 》 ① 女 ② 母 ③ 人 ④ 門 ( )
3. 《 작 다 》 ① 口 ② 小 ③ 山 ④ 上 ( )
4. 《 임 금 》 ① 土 ② 小 ③ 三 ④ 王 ( )
5. 《 나 무 》 ① 木 ② 火 ③ 水 ④ 人 ( )
6. 《 여 자 》 ① 白 ② 下 ③ 女 ④ 月 ( )
7. 《 달 》 ① 日 ② 月 ③ 白 ④ 王 ( )
8. 《 여 섯 》 ① 三 ② 四 ③ 五 ④ 六 ( )
9. 《 불 》 ① 王 ② 火 ③ 水 ④ 子 ( )
10. 《 십 》 ① 十 ② 八 ③ 九 ④ 中 ( )

● 다음 문장 중 한자어를 바르게 읽은 것을 골라 번호를 쓰시오.

11. 우리 '식口'는 넷입니다. ( )

① 장 ② 목 ③ 민 ④ 구

12. '지下철'을 타고 놀이공원에 갑니다. ( )

① 상 ② 하 ③ 구 ④ 간

13. 동생의 얼굴은 '白옥'같이 하얗습니다. ( )

① 백 ② 박 ③ 자 ④ 수

14. '개교기념日'에는 학교에 가지 않습니다. ( )

① 소 ② 월 ③ 식 ④ 일

15. 자기가 태어난 나라를 '母국'이라고 합니다.   (   )

   ① 모   ② 부   ③ 일   ④ 장

16. 할아버지를 모시고 '약水터'에 다녀왔습니다.   (   )

   ① 목   ② 구   ③ 수   ④ 장

17. '공中'에서 줄타기를 하는 광대를 보았습니다.   (   )

   ① 사   ② 중   ③ 간   ④ 지

18. '九우일모'는 매우 많은 것 가운데 아주 적은 수를 뜻하는 사자성어입니다.

   ① 칠   ② 팔   ③ 구   ④ 십   (   )

● 다음 글을 읽고 밑줄 친 부분이 뜻하는 한자를 〈보기〉에서 골라 번호를 쓰시오.

> (19)여덟 밤만 자고 나면 기다리던 겨울방학을 합니다. 선생님께서는 겨울방학 동안 지켜야 할 약속 (20)네 가지를 만들어 오라고 숙제를 내주셨습니다. 나는 (21)어머니와 함께 '실천 계획표'를 만들었습니다.
>
> 일. (22)날마다 (23)일곱 시에 일어나기
> 이. 책상 (24)위를 깨끗이 정리하기
> 삼. 밖에서 들어오면 깨끗이 손 씻기
> 사. 매주 (25)아버지와 함께 (26)산에 가서 운동하기
>
> 어머니는 '실천 계획표'를 방(27)문에 걸어두시고, 약속을 꼭 지키자고 하셨습니다.

보 기 ① 七 ② 日 ③ 上 ④ 八 ⑤ 山
         ⑥ 四 ⑦ 母 ⑧ 門 ⑨ 父

19. (   )   20. (   )   21. (   )
22. (   )   23. (   )   24. (   )
25. (   )   26. (   )   27. (   )

가마골 배추밭에
보슬보슬 봄비가 내립니다.
배추는 초롱초롱
빗(28)물을 머금어 밝은 빛을 냅니다.
(29)흙냄새 풀냄새가 향기를 더하고,
(30)하얀 나비들은 배춧잎 우산 삼아 날개를 쉽니다.

보 기   ① 白 ② 木 ③ 水 ④ 土

28. (   )   29. (   )   30. (   )

주관식(31~50번)

● 다음 한자어의 독음(소리)을 〈보기〉와 같이 쓰시오.

보 기   一 日 (일 일)

31. 火木   (   )
32. 五月   (   )
33. 王子   (   )
34. 小人   (   )

● 다음 한자의 훈(뜻)과 음(소리)을 〈보기〉와 같이 쓰시오.

보 기	一 (하나 일)

35. 口 (   )   36. 九 (   )

37. 女 (   )   38. 門 (   )

39. 父 (   )   40. 山 (   )

41. 上 (   )   42. 中 (   )

43. 土 (   )   44. 五 (   )

● 다음 문장 중 한자어의 독음(소리)을 〈보기〉에서 찾아 쓰시오.

보 기	의견 공부 학교 주의 동물 생활

45. 3월부터 學校에 갑니다.   (   )

46. 사자는 動物의 왕입니다.   (   )

47. 한자 工夫가 점점 재미있어집니다.   (   )

48. 자신의 意見을 정확하게 말합니다.   (   )

49. 아버지는 취미生活로 낚시를 하십니다.   (   )

50. 개울을 건널 때에는 注意를 기울여야 합니다.   (   )

수고하셨습니다

객관식(1~30번)

● 다음 《 》 안의 뜻에 맞는 한자를 골라 번호를 쓰시오.

1. 《 여 섯 》　①六　　②七　　③八　　④九　（　　　）
2. 《 나 무 》　①水　　②木　　③土　　④門　（　　　）
3. 《 아 들 》　①父　　②人　　③女　　④子　（　　　）
4. 《 아 홉 》　①九　　②十　　③七　　④五　（　　　）
5. 《　문　》　①月　　②上　　③日　　④門　（　　　）
6. 《　흙　》　①白　　②中　　③四　　④土　（　　　）
7. 《 다 섯 》　①三　　②五　　③七　　④下　（　　　）
8. 《 임 금 》　①王　　②火　　③水　　④母　（　　　）
9. 《 아 래 》　①上　　②下　　③六　　④口　（　　　）
10. 《　달　》　①木　　②日　　③女　　④月　（　　　）

● 다음 문장 중 한자어를 바르게 읽은 것을 골라 번호를 쓰시오.

11. '口령'에 맞추어 행진을 했습니다.　　　　　　　　（　　　）

　　① 율　　② 수　　③ 구　　④ 소

12. 동해바다에서 '日출'을 보았습니다.　　　　　　　（　　　）

　　① 구　　② 일　　③ 월　　④ 날

13. 호수 위에 떠 있는 '白조'를 보았습니다.　　　　　（　　　）

　　① 백　　② 흑　　③ 황　　④ 일

14. '백두山' 꼭대기에는 천지가 있습니다.　　　　　（　　　）

　　① 간　　② 소　　③ 령　　④ 산

15. 복도에서 선생님을 만나면 '人사'를 합니다.　　　　　(　　　　)

　　① 인　　　② 답　　　③ 입　　　④ 팔

16. 모양자를 이용하여 '四각형'을 그려 보았습니다.　　　　(　　　　)

　　① 오　　　② 삼　　　③ 사　　　④ 팔

17. 화재예방을 위하여 평소에 '소火기'의 위치를 잘 알아둡시다.　(　　　　)

　　① 중　　　② 화　　　③ 전　　　④ 자

18. '옥황上제'님은 손오공의 나쁜 버릇을 고치기 위해서 벌을 내렸습니다.　(　　　　)

　　① 토　　　② 하　　　③ 중　　　④ 상

◉ 다음 글을 읽고 밑줄 친 부분이 뜻하는 한자를 〈보기〉에서 골라 번호를 쓰시오.

　　여름방학을 맞아 가족들과 함께 (19)물놀이를 갔습니다. 하늘 높이 뜬 (20)해는 눈이 부시도록 (21)하얗습니다. 뜨거운 햇볕을 받은 모래 (22)위에 발을 올렸더니, 마치 (23)불이 붙은 것처럼 화끈했습니다. 참기가 힘들어서 부리나케 바닷물 속으로 달려 들어갔습니다. (24)입안으로 짠 바닷물이 들어왔습니다. 뒤따라오신 (25)아버지께서는 허허 웃으시며, 내 허리에 튜브를 끼워 주셨습니다.

　　저녁 (26)일곱 시가 되자 (27)어머니께서는 돌아갈 준비를 하셨습니다. 나는 아쉬운 마음을 뒤로하고 집으로 돌아왔습니다.

보 기	① 白　② 火　③ 上　④ 七　⑤ 水
	⑥ 父　⑦ 口　⑧ 母　⑨ 日

19. (   )   20. (   )   21. (   )

22. (   )   23. (   )   24. (   )

25. (   )   26. (   )   27. (   )

낙타

낙타의 등은 (28)두 개의 산봉우리
낙타는 거대한 (29)산봉우리를 이고 다닌다.
낙타는 사막의 커다란 배
(30)사람도 물건도 태우고 다닌다.

보 기	① 二 ② 人 ③ 王 ④ 山

28. (   )   29. (   )   30. (   )

주관식(31~50번)

◉ 다음 한자어의 독음(소리)을 〈보기〉와 같이 쓰시오.

보 기	一 日 (일일)

31.   子女   (   )

32.   九十   (   )

33.   三月   (   )

34.   中門   (   )

● 다음 한자의 훈(뜻)과 음(소리)을 〈보기〉와 같이 쓰시오.

보 기	一 (하나 일)

35. 女 ( )   36. 母 ( )

37. 父 ( )   38. 土 ( )

39. 七 ( )   40. 中 ( )

41. 小 ( )   42. 四 ( )

43. 下 ( )   44. 水 ( )

● 다음 문장 중 한자어의 독음(소리)을 〈보기〉에서 찾아 쓰시오.

보 기	선생 내용 문장 친구 생활 식물

45. 親舊들과 함께 소풍을 갑니다.   ( )

46. 先生님의 말씀을 귀담아 듣습니다.   ( )

47. 文章 속에 숨어있는 한자를 찾아보세요.   ( )

48. 숲에는 많은 종류의 植物들이 살고 있습니다.   ( )

49. 이야기를 잘 듣고 內容을 다시 정리해 봅시다.   ( )

50. 보람찬 방학을 보내기 위해 生活계획표를 만들었습니다. ( )

수고하셨습니다

기출문제

시험을 보기 전에 꼭 알아두세요!!

1. 이름, 수험번호, 생년월일을 정확히 써야 해요.

2. 글씨는 바르고 보기 좋게 쓰세요.

3. 답을 고칠 때에는 두 줄로 긋고, 빈 곳에 다시 쓰세요.

   지우개로 지우고 다시 써도 좋아요.

4. 시험이 끝나면 시험지를 감독선생님께 내야 해요.

한자자격시험
(1회)

급 수	**8급**		
문 항 수	50	객관식	30
		주관식	20
시험시간		60분	

성 명		감독관 확인	(서명)
수험번호			
생년월일		점수	

객관식(1~30번)

※ 다음 《   》안의 뜻에 맞는 한자를 골라 번호를 쓰시오.

1. 《사람》 ①人 ②二 ③口 ④白 (   )

2. 《셋》 ①五 ②小 ③三 ④四 (   )

3. 《아래》 ①上 ②下 ③七 ④玉 (   )

4. 《입》 ①日 ②中 ③門 ④口 (   )

5. 《여덟》 ①八 ②人 ③六 ④大 (   )

6. 《임금》 ①土 ②十 ③王 ④父 (   )

7. 《불》 ①水 ②九 ③木 ④火 (   )

8. 《아들》 ①王 ②子 ③父 ④母 (   )

9. 《여자》 ①中 ②人 ③女 ④水 (   )

10. 《달》 ①月 ②口 ③四 ④日 (   )

※ 다음 문장 중에 쓰인 한자를 바르게 읽은 것을 골라 번호를 쓰시오.

11. 門이 열리고 선생님께서 들어오셨습니다. (   )
① 산   ② 집   ③ 문   ④ 눈

12. 체육복이 대·중·小 로 구분되어 있습니다. (   )
① 토   ② 상   ③ 하   ④ 소

13. 日요일에 자전거를 탔습니다. (   )
① 토   ② 일   ③ 월   ④ 목

14. 내년에는 초등학교 二학년이 됩니다. (   )
① 삼   ② 오   ③ 칠   ④ 이

15. 아버지와 함께 북한山에 올라갔습니다. (   )
① 산   ② 강   ③ 문   ④ 인

16. 매월 둘째·넷째 土요일은 학교에 가지 않습니다. (   )
① 금   ② 수   ③ 목   ④ 토

17. 우리 집은 六층입니다. (   )
① 오   ② 육   ③ 칠   ④ 팔

18. 눈이 내리자 온 세상이 白색으로 바뀌었습니다. (   )
① 은   ② 일   ③ 백   ④ 청

※ 다음 글을 읽고 밑줄 친 부분이 뜻하는 한자를 〈보기〉에서 골라 번호를 쓰시오.

지난 어린이 (19)날 이모네 식구들과 함께 소풍을 갔습니다. 키가 큰 (20)나무들과 (21)작고 예쁜 꽃들이 많이 있는 수목원의 한 (22)가운데 연못이 있었습니다. 수(23)십 마리의 물고기들이 헤엄치고, 물 (24)위에는 오리 (25)다섯 마리가 놀고 있었습니다. 우리는 사진도 찍고, (26)산 속 오솔길을 걸으며 즐거운 시간을 보낸 후, 이모와 (27)어머니께서 준비해 오신 도시락을 맛있게 먹었습니다.

〈보기〉	① 母	② 木	③ 十
	④ 日	⑤ 上	⑥ 山
	⑦ 五	⑧ 小	⑨ 中

19. (   )

20. (   )

21. (   )

22. (   )

23. (   )

24. (   )

25. (   )

26. (   )

27. (   )

샘 물

강정안

샘 (28)물이 퐁퐁   샘물이 퐁퐁
너희 집이 어디냐   너희 집이 어디냐
숲 속이냐   꽃집이냐
땅 속이냐   (29)흙집이냐
바위틈이냐   (30)흰 돌집이냐

〈보기〉	① 土	② 白	③ 水	④ 木

28. (   )

29. (   )

30. (   )

주관식 (31~50번)

※ 다음 한자어의 독음(소리)을 〈보기〉와 같이 쓰시오.

〈보기〉	一 日	(일 일)

31. 五十 (   )

32. 女人 (   )

33. 四月 (   )

34. 王子 (   )

뒷면으로 이어집니다

※ 다음 한자의 훈(뜻)과 음(소리)을 〈보기〉
와 같이 쓰시오.

〈보기〉	一	(하나 일)

35. 水 (   )

36. 四 (   )

37. 中 (   )

38. 七 (   )

39. 木 (   )

40. 母 (   )

41. 上 (   )

42. 火 (   )

43. 九 (   )

44. 父 (   )

※ 다음 문장 중 한자어의 독음(소리)을
〈보기〉에서 찾아 쓰시오.

〈보기〉	동물 선생 생활 친구 학교 식물

45. 學校에서 먹는 급식이 무척 맛있습니
다.   (   )

46. 장래희망은 훌륭한 先生님이 되는 것
입니다.   (   )

47. 動物의 특징에 대해 알아봅시다.

(   )

48. 親舊들과 함께 운동장에서 줄넘기를
하였습니다.   (   )

49. 물속에 사는 植物에 대해 공부하였습
니다.   (   )

50. 나는 '즐거운 生活' 시간을 가장 좋아
합니다.   (   )

한자자격시험
(2회)

급 수	**8급**		
문 항 수	50	객관식	30
		주관식	20
시험시간	60분		

성 명		감독관 확인	(서명)
수험번호	– – –		
생년월일		접수	

객관식(1~30번)

※ 다음 《 》안의 뜻에 맞는 한자를 골라 번호를 쓰시오.

1. 《여자》 ①女 ②子 ③七 ④八 (   )

2. 《위》 ①中 ②小 ③上 ④木 (   )

3. 《아홉》 ①六 ②九 ③十 ④二 (   )

4. 《산》 ①山 ②水 ③三 ④口 (   )

5. 《아들》 ①山 ②父 ③白 ④子 (   )

6. 《아래》 ①十 ②下 ③上 ④土 (   )

7. 《해》 ①日 ②八 ③白 ④月 (   )

8. 《여섯》 ①四 ②五 ③六 ④七 (   )

9. 《작다》 ①月 ②母 ③父 ④小 (   )

10. 《여덟》 ①八 ②門 ③王 ④人 (   )

※ 다음 문장 중에 쓰인 한자를 바르게 읽은 것을 골라 번호를 쓰시오.

11. 63빌딩 **水**족관에서 커다란 상어를 보았습니다. (   )
① 주   ② 수   ③ 목   ④ 화

12. 세종대**王**께서는 집현전 학자들과 함께 한글을 만드셨습니다. (   )
① 금   ② 우   ③ 왕   ④ 장

13. 외할머니 댁 닭장의 **土**종닭은 힘이 셉니다.
(   )
① 토   ② 하   ③ 상   ④ 사

14. 어제 저녁에 **火**로구이 전문점에서 고기를 먹었습니다. (   )
① 토   ② 화   ③ 소   ④ 인

15. 우리 형은 초등학교 **五**학년 입니다.
(   )
① 이   ② 삼   ③ 사   ④ 오

16. **人**정이 많은 내 친구는 불쌍한 사람을 보면 그냥 지나치지 못합니다. (   )
① 감   ② 반   ③ 인   ④ 사

17. 회전**門**에서 장난을 치면 위험합니다.
(   )
① 남   ② 문   ③ 군   ④ 간

18. 매주 **木**요일에는 피아노 학원에 갑니다.
(   )
① 목   ② 금   ③ 토   ④ 일

※ 다음 글을 읽고 밑줄 친 부분이 뜻하는 한자를 〈보기〉에서 골라 번호를 쓰시오.

매년 (19)**4**(20)**월** (21)**5**일, 식목일이 되면 우리 가족은 (22)**산**에 (23)**나무**를 심으러 갑니다. 식목일 아침, (24)**아버지**와 나는 가까운 꽃가게에 들러 (25)**작은** 묘목을 샀습니다. (26)**하얀** 꽃이 예쁘게 피는 배나무였습니다.
아버지는 햇볕이 잘 들고 흙이 기름진 곳에 터를 잡아 그 (27)**가운데**에 구덩이를 파셨습니다. 그리고 조심스럽게 그 곳에 나무를 옮겨 심으셨습니다. 나는 촉촉한 (28)**흙**으로 그 뿌리를 덮어주었습니다. 우리 가족은 어린 나무들이 튼튼하게 잘 자라기를 기도하면서 산을 내려왔습니다.

〈보기〉	① 五 ② 山 ③ 白 ④ 土 ⑤ 四 ⑥ 中 ⑦ 月 ⑧ 父 ⑨ 木 ⑩ 小

19. (   )

20. (   )

21. (   )

22. (   )

23. (   )

24. (   )

25. (   )

26. (   )

27. (   )

28. (   )

닭

강 소 천

(29)**물** 한 모금 (30)**입**에 물고
하늘 한번 쳐다보고

또 한 모금 입에 물고
구름 한번 쳐다보고

〈보기〉	① 口 ② 女 ③ 水

29. (   )

30. (   )

주관식 (31~50번)

※ 다음 한자어의 독음(소리)을 〈보기〉와 같이 쓰시오.

〈보기〉	一 日 (일일)

31. 父母 (   )

32. 子女 (   )

33. 山上 (   )

34. 七月 (   )

뒷면에 있는 문제도 풀어주세요

※ 다음 한자의 훈(뜻)과 음(소리)을 〈보기〉와 같이 쓰시오.

〈보기〉	一	(하나 일)

35. 三 (   )

36. 下 (   )

37. 人 (   )

38. 王 (   )

39. 十 (   )

40. 口 (   )

41. 八 (   )

42. 白 (   )

43. 小 (   )

44. 九 (   )

※ 다음 문장 중 한자어의 독음(소리)을 〈보기〉에서 찾아 쓰시오.

〈보기〉	학교 공부 생활 친구 주의 동물

45. 심하게 다툰 **親舊**와 화해를 했습니다.

(   )

46. 고등학생인 형은 **工夫**를 정말 많이 합니다.

(   )

47. 규칙적인 **生活** 습관을 길러야 합니다.

(   )

48. 횡단보도를 건널 때에는 **注意**를 해야 합니다.

(   )

49. 사자는 '**動物**의 왕'입니다.

(   )

50. 우리 **學校**는 빨간 벽돌로 지어졌습니다.

(   )

한자자격시험

(3회)

급 수	**8급**			성 명							감독관 확인		(서명)			
문 항 수	50	객관식	30	수험번호				–		–						
		주관식	20													
시험시간		60분		생년월일							접수					

객관식(1~30번)

※ 다음 《 》안의 뜻에 맞는 한자를 골라 번호를 쓰시오.

1. 《어머니》①女 ②母 ③白 ④山 (   )

2. 《 문 》①門 ②下 ③上 ④土 (   )

3. 《 불 》①小 ②三 ③火 ④六 (   )

4. 《 달 》①白 ②月 ③日 ④二 (   )

5. 《다섯》①四 ②八 ③九 ④五 (   )

6. 《가운데》①中 ②山 ③上 ④小 (   )

7. 《 아들 》①下 ②女 ③子 ④十 (   )

8. 《아버지》①九 ②土 ③母 ④父 (   )

9. 《 넷 》①六 ②四 ③八 ④七 (   )

10. 《 임금 》①子 ②上 ③王 ④月 (   )

※ 다음 문장 중에 쓰인 한자를 바르게 읽은 것을 골라 번호를 쓰시오.

11. 이번 어린이날은 月요일입니다.
(   )
① 수   ② 화   ③ 월   ④ 일

12. 선생님께서 '아기돼지 三형제'이야기를 들려주셨습니다. (   )
① 십   ② 삼   ③ 사   ④ 오

13. 형은 올해 六학년이 되었습니다.
(   )
① 오   ② 삼   ③ 육   ④ 사

14. 이 책은 상·下 권으로 되어있습니다.
(   )
① 대   ② 소   ③ 중   ④ 하

15. 우리 동네에는 中학교가 있습니다.
(   )
① 소   ② 초   ③ 중   ④ 고

16. 큰 주전자에 水돗물을 가득 받았습니다.
(   )
① 수   ② 목   ③ 주   ④ 토

17. 十년 후 내 모습을 상상해 보았습니다.
(   )
① 오   ② 십   ③ 백   ④ 천

18. 할아버지의 七순잔치에 많은 사람들이 모였습니다. (   )
① 사   ② 오   ③ 륙   ④ 칠

※ 다음 글을 읽고 밑줄 친 부분이 뜻하는 한자를 〈보기〉에서 골라 번호를 쓰시오.

지난 식목일 (19)날, 우리 반 친구들은 선생님과 함께 가까운 (20)산으로 봄 소풍을 갔습니다. 우리는 짝꿍과 손을 잡고 (21)두 명씩 (22)열줄로 섰습니다. 키가 (23)작은 친구가 제일 앞에 서서 주황색 깃발을 들었습니다.
우리는 오솔길 끝에 있는 너른 공터에 자리를 잡았습니다. 새순이 돋아난 (24)나무 (25)위로 (26)하얀 햇살이 쏟아졌습니다. 바람이 불때마다 연한 초록빛이 반짝였습니다. (27)여자아이들은 재잘재잘 도시락을 나눠 먹었고, 남자 아이들은 다람쥐를 잡겠다며 여기저기 뛰어 다녔습니다.

〈보기〉	① 十 ② 山 ③ 女 ④ 小 ⑤ 日 ⑥ 二 ⑦ 上 ⑧ 白 ⑨ 木 ⑩ 三

19. (   )

20. (   )

21. (   )

22. (   )

23. (   )

24. (   )

25. (   )

26. (   )

27. (   )

봄동산

조용히 귀 기울여 풀잎을 보면
발(28)아래 개울(29)물 소리 간지러워요.

가만히 코를 들어 나무를 보면
보드라운 (30)흙내음 간지러워요.

〈보기〉	① 土 ② 七 ③ 水 ④ 下

28. (   )

29. (   )

30. (   )

주관식 (31~50번)

※ 다음 한자어의 독음(소리)을 〈보기〉와 같이 쓰시오.

〈보기〉	一 日 (일 일)

31. 八日 (   )

32. 父王 (   )

33. 母子 (   )

34. 人口 (   )

뒷면에 있는 문제도 풀어주세요

※ 다음 한자의 훈(뜻)과 음(소리)을 〈보기〉와 같이 쓰시오.

〈보기〉	一	(하나 일)

35. 九 (   )

36. 火 (   )

37. 山 (   )

38. 口 (   )

39. 女 (   )

40. 四 (   )

41. 白 (   )

42. 人 (   )

43. 土 (   )

44. 小 (   )

※ 다음 문장 중 한자어의 독음(소리)을 〈보기〉에서 찾아 쓰시오.

〈보기〉	식물 선생 내용 사물 문장 의견

45. 우리 주변에는 여러 가지 **事物**이 있습니다.　　　　(　　　　)

46. 물음표는 묻는 **文章**의 끝에 씁니다.
　　　　　　　　(　　　　)

47. 책의 **內容**과 관련된 글짓기를 했습니다.
　　　　　　　　(　　　　)

48. 남산 **植物**원에서 봄 꽃 축제가 열렸습니다.　　　　(　　　　)

49. 친구들의 **意見**을 물어본 후 결정을 했습니다.　　　　(　　　　)

50. **先生**님께서 재미있는 이야기를 들려주셨습니다.　　　　(　　　　)

한자자격시험
(4회)

급 수	**8** 급		
문 항 수	50	객관식	30
		주관식	20
시험시간	60분		

성 명		감독관 확인	(서명)
수험번호	— — —		
생년월일		접수	

수험생 유의사항

1. 문제지의 『급수』와 수험표의 「응시급수」가 같나요?
2. 자기 성명과 수험번호, 생년월일을 맞게 썼나요?
3. 이 문제지에 답을 써서 내는 겁니다. 글씨는 바르고 보기 좋게 쓰세요.
4. 답을 고칠 때는 두 줄로 곱게 긋고, 빈곳에 답을 보기 좋게 쓰세요.
5. 감독 선생님께서 말씀하실 때까지 문제를 풀지 마세요.
6. 시험이 끝나면 펜(연필)을 놓고 선생님 말씀에 귀 기울이세요.

한자자격시험〔 8급 〕기출문제 4회

※ 다음 《　》안의 뜻에 맞는 한자를 골라 번호를 쓰시오.

1. 《아버지》①五 ②母 ③山 ④父（　　）

2. 《 입 》①白 ②口 ③水 ④日（　　）

3. 《아홉》①五 ②人 ③九 ④十（　　）

4. 《아들》①子 ②女 ③二 ④山（　　）

5. 《사람》①王 ②人 ③木 ④七（　　）

6. 《어머니》①母 ②口 ③月 ④火（　　）

7. 《계집》①門 ②父 ③女 ④人（　　）

8. 《아래》①中 ②土 ③上 ④下（　　）

9. 《여섯》①六 ②九 ③三 ④八（　　）

10. 《 흙 》①下 ②土 ③小 ④水（　　）

※ 다음 문장 중에 쓰인 한자를 바르게 읽은 것을 골라 번호를 쓰시오.

11. 언니는 三학년 이반입니다. （　　）
　　① 이　　② 삼　　③ 사　　④ 오

12. 門이 자동으로 열립니다. （　　）
　　① 문　　② 분　　③ 굴　　④ 책

13. 오늘은 火요일입니다. （　　）
　　① 월　　② 화　　③ 수　　④ 목

14. 사자를 동물의 王이라고 부릅니다.
　　　　　　　　　　　　　（　　）
　　① 부　　② 랑　　③ 상　　④ 왕

15. 자동차는 八八올림픽 고속도로를 달렸습니다. 　　　　　（　　）
　　① 육육　② 칠칠　③ 팔팔　④ 구구

16. "白군 이겨라!" 　　　　　（　　）
　　① 백　　② 청　　③ 홍　　④ 적

17. 2월 29일은 四년에 한번 돌아옵니다.
　　　　　　　　　　　　　（　　）
　　① 일　　② 이　　③ 삼　　④ 사

18. 사촌형은 中학생입니다. （　　）
　　① 고　　② 중　　③ 저　　④ 초

※ 다음 글을 읽고 밑줄 친 부분이 뜻하는 한자를 〈보기〉에서 골라 번호를 쓰시오.

> 왕국에 여름이 왔습니다. (19)임금님은 (20)7일 동안 백성들을 위해 축제를 열겠다고 말씀하셨습니다. 축제날 아침 (21)해가 떠오르자 백성들은 집집마다 (22)문에 꽃장식을 하였습니다. 파란 하늘에는 (23)흰 뭉게구름이 떠다녔고 (24)나무 (25)위로는 새들이 날아다녔습니다.
>
> 거리에는 신기한 옷을 입은 사람들의 행진이 이어졌습니다. 광장 (26)가운데에서는 재미있는 마술쇼가 펼쳐졌습니다. 축제는 둥근 (27)달이 떠오르는 밤까지 계속 되었습니다.

〈보기〉	① 中 ② 七 ③ 上 ④ 月 ⑤ 白 ⑥ 日 ⑦ 木 ⑧ 王 ⑨ 門

19. (   )

20. (   )

21. (   )

22. (   )

23. (   )

24. (   )

25. (   )

26. (   )

27. (   )

비 오는 날

김 완 기

초록빛 (28)산새에는
초록 (29)물방울이
분홍빛 들새에는
분홍 물방울이
(30)작은 새가 까만 눈 뜨고
하늘을 보았네.
주룩주룩 쏟아지는 빗줄기가
시원시원해.

〈보기〉	① 水 ② 山 ③ 口 ④ 小

28. (   )

29. (   )

30. (   )

주관식 (31~50번)

※ 다음 한자어의 독음(소리)을 〈보기〉와 같이 쓰시오.

〈보기〉	一 日 (일 일)

31. 下人 (   )

32. 子女 (   )

33. 二十 (   )

34. 土木 (   )

뒷면에 있는 문제도 풀어주세요

※ 다음 한자의 훈(뜻)과 음(소리)을
〈보기〉와 같이 쓰시오.

〈보기〉	一	(하나 일)

35. 母 (   )

36. 七 (   )

37. 九 (   )

38. 小 (   )

39. 水 (   )

40. 五 (   )

41. 火 (   )

42. 月 (   )

43. 十 (   )

44. 山 (   )

※ 다음 문장 중 한자어의 독음(소리)을
〈보기〉에서 찾아 쓰시오.

〈보기〉	공부	동물	생활
	의견	친구	학교

45. 내 親舊는 달리기를 잘합니다.

(   )

46. 서울대공원에서 動物들을 구경하였습
니다.   (   )

47. 學校 운동장에서 공놀이를 했습니다.

(   )

48. 나의 意見을 큰 소리로 발표하였습니
다.   (   )

49. 방학이 되어 生活계획표를 만들었습
니다.   (   )

50. 이번 여름 방학에는 한자 工夫를 열
심히 했습니다.   (   )

한자자격시험
(5회)

급 수	**8**급		
문 항 수	50	객관식	30
		주관식	20
시험시간	60분		

성 명		감독관 확인	(서명)
수험번호	– – –		
생년월일		접수	

수험생 유의사항

1. 문제지의 『급수』와 수험표의 「응시급수」가 같나요?
2. 자기 **성명**과 **수험번호, 생년월일**을 맞게 썼나요?
3. 이 문제지에 답을 써서 내는 겁니다. 글씨는 바르고 보기 좋게 쓰세요.
4. 답을 고칠 때는 두 줄로 곱게 긋고, 빈곳에 답을 보기 좋게 쓰세요.
5. 감독 선생님께서 말씀하실 때까지 문제를 풀지 마세요.
6. 시험이 끝나면 펜(연필)을 놓고 선생님 말씀에 귀 기울이세요.

객관식(1~30번)

※ 다음 《　》안의 뜻에 맞는 한자를 골라 번호를 쓰시오.

1. 《 아들 》 ①子 ②中 ③下 ④父 (　　)

2. 《 어머니 》 ①日 ②上 ③母 ④山 (　　)

3. 《 여섯 》 ①五 ②六 ③七 ④八 (　　)

4. 《 아래 》 ①下 ②上 ③中 ④土 (　　)

5. 《 아홉 》 ①二 ②十 ③七 ④九 (　　)

6. 《 계집 》 ①小 ②女 ③子 ④口 (　　)

7. 《 열 》 ①七 ②八 ③九 ④十 (　　)

8. 《 희다 》 ①月 ②日 ③白 ④母 (　　)

9. 《 여덟 》 ①水 ②八 ③人 ④山 (　　)

10. 《 문 》 ①門 ②木 ③下 ④小 (　　)

※ 다음 문장 중에 쓰인 한자를 바르게 읽은 것을 골라 번호를 쓰시오.

11. 우리나라는 四계절이 뚜렷합니다.
(　　)
① 일　② 이　③ 삼　④ 사

12. 매주 水요일에는 미술학원에 갑니다.
(　　)
① 월　② 화　③ 수　④ 목

13. 정조대王은 그림에 취미가 있으셨습니다.
(　　)
① 왕　② 상　③ 부　④ 장

14. 할아버지를 다른 말로는 "조父"라고 합니다.
(　　)
① 직　② 부　③ 모　④ 상

15. 아버지와 함께 국土대장정에 참가했습니다.
(　　)
① 토　② 상　③ 하　④ 립

16. 뜨거운 火로에 데이지 않도록 조심해야 합니다.
(　　)
① 수　② 화　③ 군　④ 소

17. 원시人의 생활을 전시한 박물관에 다녀왔습니다.
(　　)
① 중　② 산　③ 림　④ 인

18. 七전팔기란 말은 일곱 번 넘어지고 여덟 번 일어난다는 뜻입니다. (　　)
① 오　② 육　③ 칠　④ 팔

※ 다음 글을 읽고 밑줄 친 부분이 뜻하는 한자를 〈보기〉에서 골라 번호를 쓰시오.

통나무 집 뒤뜰로 (19)산새들이 놀러왔습니다. 꾀꼬리 (20)다섯 마리가 (21)나뭇가지 (22)위에 앉아 노래를 합니다. 뜰 한 (23)가운데에는 (24)작은 옹달샘이 (25)하나 있습니다. 옹달샘 (26)물은 거울처럼 맑아서 파란 하늘이 그대로 비쳤습니다. 조롱박으로 물을 가득 떠서 마시면 (27)입안으로 파란 하늘이 들어오는 것만 같습니다.

〈보기〉	① 山 ② 木 ③ 口 ④ 中 ⑤ 五
	⑥ 上 ⑦ 小 ⑧ 水 ⑨ 一

19. (   )

20. (   )

21. (   )

22. (   )

23. (   )

24. (   )

25. (   )

26. (   )

27. (   )

낮에 나온 반달

윤 석 중

낮에 나온 반(28)달은
(29)하얀 반달은
(30)해님이 쓰다 버린 쪽박인가요.
꼬부랑 할머니가 물 길러 갈 때
치마끈에 달랑달랑 채워 줬으면.

〈보기〉	① 白 ② 月 ③ 小 ④ 日

28. (   )
29. (   )
30. (   )

주관식 (31~50번)

※ 다음 한자어의 독음(소리)을 〈보기〉와 같이 쓰시오.

〈보기〉	一 日	(일 일)

31. 母女 (   )

32. 王子 (   )

33. 上下 (   )

34. 十九 (   )

뒷면에 있는 문제도 풀어주세요

※ 다음 한자의 훈(뜻)과 음(소리)을
〈보기〉와 같이 쓰시오.

〈보기〉	一 (하나 일)

35. 小 (   )

36. 火 (   )

37. 門 (   )

38. 五 (   )

39. 父 (   )

40. 木 (   )

41. 口 (   )

42. 八 (   )

43. 山 (   )

44. 月 (   )

※ 다음 문장 중 한자어의 독음(소리)을
〈보기〉에서 찾아 쓰시오.

〈보기〉	생활 동물 의견 친구 선생 공부

45. 先生님께 상장을 받았습니다.

(   )

46. 動物 친구들이 물놀이를 합니다.

(   )

47. 매일 같은 시간에 工夫를 합니다.

(   )

48. 건강을 위해 규칙적인 生活을 합니다.

(   )

49. 좋은 意見이 있으면 발표 해 보세요.

(   )

50. 親舊들과 함께 과자를 나누어 먹었습
니다. (   )

한자자격시험
(6회)

급 수	**8급**		
문 항 수	50	객관식	30
		주관식	20
시험시간	60분		

성 명		감독관 확인	(서명)
수험번호			
생년월일		접수	

수험생 유의사항

1. 문제지의 『급수』와 수험표의 「응시급수」가 같나요?
2. 자기 **성명**과 **수험번호, 생년월일**을 맞게 썼나요?
3. 이 문제지에 답을 써서 내는 겁니다. 글씨는 바르고 보기 좋게 쓰세요.
4. 답을 고칠 때는 두 줄로 곱게 긋고, 빈곳에 답을 보기 좋게 쓰세요.
5. 감독 선생님께서 말씀하실 때까지 문제를 풀지 마세요.
6. 시험이 끝나면 펜(연필)을 놓고 선생님 말씀에 귀 기울이세요.

한자자격시험 [8급] 기출문제 6회

※ 다음 《 》안의 뜻에 맞는 한자를 골라 번호를 쓰시오.

1. 《 흙 》 ①木 ②人 ③土 ④中 ( )

2. 《 여덟 》 ①八 ②七 ③九 ④五 ( )

3. 《 문 》 ①水 ②白 ③母 ④門 ( )

4. 《 여섯 》 ①五 ②六 ③七 ④八 ( )

5. 《 아들 》 ①子 ②人 ③父 ④女 ( )

6. 《 아래 》 ①月 ②口 ③下 ④火 ( )

7. 《 아홉 》 ①十 ②九 ③三 ④六 ( )

8. 《가운데》 ①中 ②日 ③上 ④土 ( )

9. 《아버지》 ①女 ②王 ③父 ④下 ( )

10. 《 물 》 ①小 ②木 ③水 ④女 ( )

※ 다음 문장 중에 쓰인 한자를 바르게 읽은 것을 골라 번호를 쓰시오.

11. '木요일'에는 비가 왔습니다. ( )
    ① 금   ② 목   ③ 토   ④ 수

12. 불이 나면 '소火기'로 불을 끕니다.
    ( )
    ① 인   ② 나   ③ 수   ④ 화

13. 우리나라는 '四계절'이 뚜렷합니다.
    ( )
    ① 오   ② 삼   ③ 사   ④ 이

14. 오늘은 부모님의 '결혼 기념日'입니다.
    ( )
    ① 식   ② 일   ③ 비   ④ 백

15. 외할머니께서 '口전동화'를 들려주셨습
    니다. ( )
    ① 자   ② 우   ③ 구   ④ 서

16. '황土'와 '지푸라기'로 집을 지을 수 있
    습니다. ( )
    ① 치   ② 도   ③ 토   ④ 하

17. 밤하늘에 국자모양의 '북두七성'이 반
    짝입니다. ( )
    ① 육   ② 칠   ③ 팔   ④ 구

18. 몸집이 작고 나이가 어린 사람을 '小인'
    이라고 합니다. ( )
    ① 소   ② 대   ③ 중   ④ 상

※ 다음 글을 읽고 밑줄 친 부분이 뜻하는 한자를 〈보기〉에서 골라 번호를 쓰시오.

조선시대에는 (19)**임금**님이 드시던 밥을 '수라'라고 했답니다. 밥상 (20)**위**에는 (21)**두** 가지 종류의 밥이 올라갔는데 (22)**흰**밥은 '흰수라', 팥을 섞은 밥은 '팥수라'라고 불렀습니다. 정월 보름과 같은 특별한 (23)**날**에는 '오곡수라'를 드셨습니다. '오곡수라'는 보통 쌀, 찹쌀, 차조, 콩, 팥등 (24)**다섯** 가지 곡식을 섞어 지은 밥입니다.

또 임금님께서 식사를 하시는 동안에는 (25)**세** 명의 시중을 드는 (26)**여자** 시종이 곁에 앉아 식사를 도왔습니다. 이 (27)**사람**들을 '수라상궁'이라고 불렀습니다.

〈보기〉	① 王 ② 日 ③ 人 ④ 上 ⑤ 三 ⑥ 五 ⑦ 女 ⑧ 二 ⑨ 白

19. (   )

20. (   )

21. (   )

22. (   )

23. (   )

24. (   )

25. (   )

26. (   )

27. (   )

보름 (28)**달**

앞 (29)**산**에 걸린 하이얀 달님
귀여운 아가 노랠 들어요

(30)**어머니** 품에 어여쁜 아가
동그란 달님 꿈을 꾼대요

〈보기〉	① 山 ② 母 ③ 門 ④ 月

28. (   )

29. (   )

30. (   )

주관식 (31~50번)

※ 다음 한자어의 독음(소리)을 〈보기〉와 같이 쓰시오.

〈보기〉	一 日 (일 일)

31. 十五 (   )

32. 水中 (   )

33. 子女 (   )

34. 父母 (   )

뒷면에 있는 문제도 풀어주세요

※ 다음 한자의 훈(뜻)과 음(소리)을
〈보기〉와 같이 쓰시오.

〈보기〉	一	(하나 일)

35. 王 ( )

36. 木 ( )

37. 下 ( )

38. 人 ( )

39. 小 ( )

40. 口 ( )

41. 月 ( )

42. 七 ( )

43. 土 ( )

44. 白 ( )

※ 다음 문장 중 한자어의 독음(소리)을
〈보기〉에서 찾아 쓰시오.

〈보기〉	내용 식물 주의
	문장 학교 사물

45. 이야기의 **内容**을 말해보세요.

( )

46. **文章**을 소리 내어 읽어 보세요.

( )

47. 우리 **學校**는 빨간 벽돌로 지어졌습니
다. ( )

48. **事物**의 모양을 보면서 그림을 그렸습
니다. ( )

49. 공사장 근처를 지날 때에는 **注意**해야
합니다. ( )

50. 남산에는 세계 각 나라의 **植物**을 모
아놓은 전시장이 있습니다.

( )

한자자격시험 【8급】

모범답안

★ 연습문제 모범답안 1~5
★ 기출문제 모범답안 1~6

1회

객관식

1	②	6	①	11	③	16	②	21	④	26	②
2	④	7	④	12	②	17	③	22	③	27	⑦
3	②	8	②	13	①	18	④	23	⑨	28	④
4	③	9	③	14	③	19	⑤	24	⑥	29	③
5	②	10	①	15	④	20	⑧	25	①	30	①

주관식

31 사십　32 왕자　33 모녀　34 화목　35 날(해)일　36 가운데 중 37 위 상

38 작을 소　39 아홉 구　40 아버지 부 41 흙 토　42 아래 하　43 일곱 칠　44 입 구

45 동물　46 공부　47 생활　48 의견　49 선생　50 인물

2회

객관식

1	④	6	①	11	④	16	④	21	②	26	①
2	①	7	③	12	④	17	③	22	⑨	27	⑧
3	②	8	②	13	③	18	①	23	④	28	①
4	④	9	②	14	①	19	⑤	24	①	29	④
5	③	10	①	15	②	20	⑦	25	⑥	30	②

주관식

31 부모　32 자녀　33 화산　34 십구　35 달 월　36 가운데 중 37 아래 하

38 작을 소　39 입 구　40 임금 왕　41 다섯 오　42 문 문　43 여덟 팔　44 위 상

45 내용　46 학교　47 친구　48 주의　49 식물　50 문장

3회

객관식

1	③	6	④	11	④	16	④	21	②	26	⑨
2	②	7	②	12	②	17	②	22	③	27	⑤
3	③	8	④	13	③	18	④	23	⑧	28	④
4	①	9	②	14	①	19	①	24	⑦	29	①
5	③	10	①	15	②	20	⑥	25	④	30	②

주관식

31 자녀 32 사십 33 화산 34 월하 35 흰 백 36 일곱 칠 37 메(산) 산

38 가운데 중 39 아홉 구 40 불 화 41 흙 토 42 위 상 43 다섯 오 44 사람 인

45 내용 46 식물 47 선생 48 주의 49 문장 50 인물

4회

객관식

1	①	6	③	11	④	16	③	21	⑦	26	⑤
2	③	7	②	12	②	17	②	22	②	27	⑧
3	②	8	④	13	①	18	③	23	①	28	③
4	④	9	②	14	④	19	④	24	③	29	④
5	①	10	①	15	①	20	⑥	25	⑨	30	①

주관식

31 화목 32 오월 33 왕자 34 소인 35 입 구 36 아홉 구 37 계집(여자) 녀

38 문 문 39 아버지 부 40 메(산) 산 41 위 상 42 가운데 중 43 흙 토 44 다섯 오

45 학교 46 동물 47 공부 48 의견 49 생활 50 주의

5회

객관식

1	①	6	④	11	③	16	③	21	①	26	④
2	②	7	②	12	②	17	②	22	③	27	⑧
3	④	8	①	13	①	18	④	23	②	28	①
4	①	9	②	14	④	19	⑤	24	⑦	29	④
5	④	10	④	15	①	20	⑨	25	⑥	30	②

주관식

31 자녀   32 구십   33 삼월   34 중문   35 계집(여자) 녀 36 어머니 모 37 아버지 부

38 흙 토 39 일곱 칠 40 가운데 중 41 작을 소 42 넉 사   43 아래 하 44 물 수

45 친구 46 선생   47 문장   48 식물   49 내용   50 생활

한자 자격시험 [8급] 기출 문제 모범답안

객관식(1~30번)

1	①	6	③	11	③	16	④	21	⑧	26	⑥
2	③	7	④	12	④	17	②	22	⑨	27	①
3	②	8	②	13	②	18	③	23	③	28	③
4	④	9	③	14	④	19	④	24	⑤	29	①
5	①	10	①	15	①	20	②	25	⑦	30	②

주관식(31~50번)

31 오십	32 여인	33 사월	34 왕자	35 물 수	36 넉 사	37 가운데 중
38 일곱 칠	39 나무 목	40 어머니 모	41 위 상	42 불 화	43 아홉 구	44 아버지 부
45 학교	46 선생	47 동물	48 친구	49 식물	50 생활	

2호

객관식(1~30번)

1	①	6	②	11	②	16	③	21	①	26	③
2	③	7	①	12	③	17	②	22	②	27	⑥
3	②	8	③	13	①	18	①	23	⑨	28	④
4	①	9	④	14	②	19	⑤	24	⑧	29	③
5	④	10	①	15	④	20	⑦	25	⑩	30	①

주관식(31~50번)

31 부모	32 자녀	33 산상	34 칠월	35 석 삼	36 아래 하	37 사람 인
38 임금 왕	39 열 십	40 입 구	41 여덟 팔	42 흰 백	43 작을 소	44 아홉 구
45 친구	46 공부	47 생활	48 주의	49 동물	50 학교	

3회

객관식(1~30번)

1	②	6	①	11	③	16	①	21	⑥	26	⑧
2	①	7	③	12	②	17	②	22	①	27	③
3	③	8	④	13	③	18	④	23	④	28	④
4	②	9	②	14	④	19	⑤	24	⑨	29	③
5	④	10	③	15	③	20	②	25	⑦	30	①

주관식(31~50번)

31 팔일	32 부왕	33 모자	34 인구	35 아홉 구	36 불 화	37 메(산) 산
38 입 구	39 계집(여자) 녀	40 넉 사	41 흰 백	42 사람 인	43 흙 토	44 작을 소
45 사물	46 문장	47 내용	48 식물	49 의견	50 선생	

4회

객관식(1~30번)

1	④	6	①	11	②	16	①	21	⑥	26	①
2	②	7	③	12	①	17	④	22	⑨	27	④
3	③	8	④	13	②	18	②	23	⑤	28	②
4	①	9	①	14	④	19	⑧	24	⑦	29	①
5	②	10	②	15	③	20	②	25	③	30	④

주관식(31~50번)

31 하인	32 자녀	33 이십	34 토목	35 어머니 모	36 일곱 칠	37 아홉 구
38 작을 소	39 물 수	40 다섯 오	41 불 화	42 달 월	43 열 십	44 메(산) 산
45 친구	46 동물	47 학교	48 의견	49 생활	50 공부	

5회

객관식(1~30번)

1	①	6	②	11	④	16	②	21	②	26	⑧
2	③	7	④	12	③	17	④	22	⑥	27	③
3	②	8	③	13	①	18	③	23	④	28	②
4	①	9	②	14	②	19	①	24	⑦	29	①
5	④	10	①	15	①	20	⑤	25	⑨	30	④

주관식(31~50번)

31 모녀	32 왕자	33 상하	34 십구	35 작을 소	36 불 화	37 문 문
38 다섯 오	39 아버지 부	40 나무 목	41 입 구	42 여덟 팔	43 메(산) 산	44 달 월
45 선생	46 동물	47 공부	48 생활	49 의견	50 친구	

6회

객관식(1~30번)

1	③	6	③	11	②	16	③	21	⑧	26	⑦
2	①	7	②	12	④	17	②	22	⑨	27	③
3	④	8	①	13	③	18	①	23	②	28	④
4	②	9	③	14	②	19	①	24	⑥	29	①
5	①	10	③	15	③	20	④	25	⑤	30	②

주관식(31~50번)

31 십오	32 수중	33 자녀	34 부모	35 임금 왕	36 나무 목	37 아래 하
38 사람 인	39 작을 소	40 입 구	41 달 월	42 일곱 칠	43 흙 토	44 흰 백
45 내용	46 문장	47 학교	48 사물	49 주의	50 식물	